ВВЕДЕННЯ В ТЕРАПІЮ УСВІДОМЛЕННЯМ

Мапа усвідомлення та Алгоритм роботи

Ігор Каніфольський

Kanifolsky Consulting

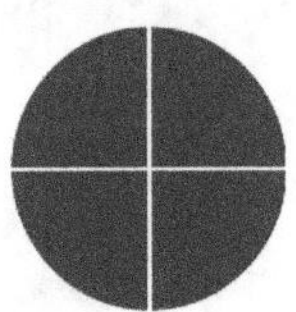

Присвячую всім існуючим та майбутнім студентам та клієнтам!

ВСТУП

Вітаю, читачу!

Пропоную тобі коротке введення в Терапію усвідомленням - інноваційний підхід психотерапії, коучингу та самоусвідомлення, що розвивається в Україні, об'єднує всі існуючі підходи терапії та духовних практик, виділяє їхню суть - глибоке усвідомлення людиною свого потенціалу.

Можна розглядати її і як окремий підхід, що спирається на найвищі та найглибші вчення про усвідомлення, що існують в світі, - тибетські вчення тантри та дзогчен - та інтегрує їх з терапевтичною практикою.

Але все по порядку.

Коли ми говоримо про психотерапію, в умі виникає безліч різноманітних напрямів.

Що об'єднує їх усі?

Чи можна знайти спільний знаменник, що об'єднав би психотерапію на одній основі?

Колись давним-давно (в далекій галактиці) мене надихнула ця ідея Кена Вілбера - виділити спільне, що є в психотерапії, різних її напрямках, та духовних вченнях, на користь людям.

Його власна «схема всього» здалася мені не підходящою для

терапії, тож я взявся за свою.

Для цього мені довелося вивчити гіпноз (це почалося ще раніше, у Військово-медичній академії) й дізнатися про існування підсвідомості з практики гіпнотизації. Відчути «повний поворот почуттів», як про писав З. Фрейд.

Зрозуміти, що людиною може керувати не її поверхнева свідомість.

Познайомитись з технікою миттєвого досягнення трансу з практики Є.І. Зуєва. В якій вже було буддистське коріння.

Та також з NLP у виконанні Мерилін Аткінсон.

Зануритись в світ гуманістичної психології, збагачуючи її всіма іншими напрямками.

І виринути в тибетському буддизмі з його найпрямішими та найглибшими вченнями про усвідомлення.

Шляхом захопивши коучинг.

Відвідати Америку, Непал, Індію. Прийняти участь у конференціях та посвятах.

Але в результаті я здобув алмаз, яким ділюся з вами.

Рано чи пізно ця ідея втілилася в Терапії усвідомленням.

ПОЛІТ ОРЛА

Подібно до погляду орла в польоті, усвідомлення людини здатне охоплювати всі явища зовнішнього і внутрішнього світу.

І не просто охоплювати, а змінювати їх.

І не просто змінювати, а розкривати їхній потенціал.

Таким чином, усвідомлення перевершує погляд орла.

Воно є головним чинником, рушійною силою психотерапії.

Широке та цілісне усвідомлення дозволяє проявитися потенціалу клієнта.

Всупереч відомій фразі, що "буття визначає свідомість", можна сказати, що свідомість визначає усвідомлення.

Колись у старому філософському словнику я прочитав:

"Слово «свідомість» має два сенси: це зміст свідомості і здатність усвідомлювати".

Це твердження має неймовірно глибокий сенс.

Є наріжним каменем психотерапії.

А також найглибшим вченням тибетського буддизму про усвідомлення - Дзогчен.

Коли ми кажемо, що "людина знаходиться в свідомості", ми маємо на увазі, що вона ототожнюється зі "змістом" своїх переживань.

Знає, хто вона, де вона тощо.

Це - зміст її свідомості, контент, який люди зазвичай вважають собою.

Разом з тим, у кожній людині присутня здатність усвідомлювати зміст своєї свідомості.

Охоплювати його своїм усвідомленням.

Та трансформувати, розвивати його.

Розкривати його потенціал.

Це і є головне завдання психотерапії.

Яке ми виділяємо у формі Терапії усвідомленням.

Тобто в процесі усвідомлення зміст свідомості може змінюватися.

Змінюватися може все, що людина вважає собою.

У поняття "зміст свідомісті" в даному контексті входить і те, що називають "підсвідомим" та "несвідомим", бо це все так чи інше проявляється в свідомості людини або її психіці.

І це все може змінюватися в глибокому усвідомленні.

Причому напрямок цих змін визначає сама людина.

Точніше, її глибинна суть, потенціал, який при цьому проявляється.

Мені здається, що цій дивовижній здатності глибокого усвідомлення, як в психотерапії, так і в житті, приділяється мало уваги.

Хоча сьогодні усвідомлення набуває все більше популярності.

Але глибоке усвідомлення з його неймовірними здібностями залишається "прихованим" від більшості завісами їхніх власних затьмарень.

В Тибеті найвищі вчення про усвідомлення були секретними.

Зараз вони легко доступні у перекладах в Інтернеті.

Але так само залишаються секретними для багатьох.

Тому що їхнє розуміння потребує живої передачі.

В цьому причина, що ці знання все ще залишаються новими і у психотерапії теж.

Хоча глибоке усвідомлення дає нам можливості "вирішення всіх проблем та розкриття всіх потенціалів".

Саме так визначається стан будди у Тибеті: "санг'є" - "повністю очищений та повністю проявлений".

Мені здається, це надихаючи мета для будь-якої людини.

Тибетські вчителі кажуть, що пізнати глибоке усвідомлення "буває складно тому, що це занадто легко".

Ця притаманна нам здібність залишається поза увагою, подібно тому, як люди століттями не помічали гравітацію.

Але сьогодні час виправити цю прикру помилку.

І особливо це стосується психотерапії.

В сучасному світі ми маємо велику потребу в усвідомленні.

Світові потрібен розвиток – не лише у зовнішньому, а й у внутрішньому сенсі. А для цього потрібен розвиток усвідомлення.

До того ж, усвідомлення дає справжню свободу.

Саме слово "свобода" походить з санскриту, де означає "свабодха" - "єдність з пробудженням", тобто з глибоким та цілісним усвідомленням.

А свобода - це найголовніша умова щастя.

Тож ми маємо використовувати найкраще, що є в світі, для допомоги людям.

Сьогодні стали доступні для всіх тибетські знання про усвідомлення.

Які ще нещодавно були приховані у відокремленій від світу "країні снігів".

Де процвітали протягом 12 століть.

Практики усвідомлення, тексти й коментарі до них сформували справжню скарбницю знань.

І сьогодні вона відкрита нам.

На виконання стародавніх пророцтв та враховуючи, на жаль, історичні обставини, "Дхарма поширюється на Захід".

Колись таємні методи стають доступні сьогодні всім.

Це дає можливість нам, допомагаючим практикам, вивчати та адаптувати ці знання до потреб сьогодення, презентуючи їх у сучасній формі.

Діалог між буддизмом і наукою розвивається вже давно.

Багато практичних методів психотерапії мають східні та інші традиційні джерела.

Психоаналіз розвинувся з привезеного з Індії гіпнозу.

Юнг вивчав та перекладав доступний на той час тибетський текст - так звану "Тибетську книгу мертвих".

Засновник гештальт-терапії знайомився з дзен-буддизм.

"Батько" коучингу Тімоті Голві надихався вченням Махараджи Джи про божественну природу людини.

Мені здається цілком закономірним, коли люди з різних культур обмінюються та збагачують один одного.

Ми просто продовжуємо цей шлях.

ГЛИБОКЕ УСВІДОМЛЕННЯ

Хоча усвідомлення стає все більш популярним, розуміння його часто залишається поверхневим.

У майндфулнесі воно означає просто уважність, спостерігача. Власне, mindfulness і означає "уважність", хоча інколи перекладається, як "усвідомлення".

У гештальт-літературі можна зустріти згадки про "усвідомлення" в одному рядку з "емоціями та відчуттями", що абсолютно не відображає ту ключову роль, яку воно відіграє в світі.

У Фрейда свідомість є маленьким острівцем в океані Несвідомого.

Природа людини "гіперагресивна та гіперсексуальна", і тільки "тихий голос розуму" облагороджує її.

Звідки ж береться цей "тихий голос розуму"?

Один психоаналітик ні секунди не замисливши відповів мені: "Божественне одкровення!".

Чи знали ви про божественне походження психоаналізу?

На мій погляд, все рівно навпаки.

І основна природа людини - це глибоке та цілісне

усвідомлення.

Яке і проявляє, і сприймає цей світ.

Та здатне ототожнюватися з своїми проявами.

При цьому ототожненні усвідомлення втрачає свою цілісність.

І таким чином з'являється Я-свідомость.

З усіма властивими їй структурами.

Які по різному описуються в різних психотерапевтичних школах.

Ця обмежена Я-свідомість протиставляє себе оточуючому світу.

Та може травмуватися.

Саме в неї виникають проблеми, які можуть бути вирішені шляхом усвідомлення.

Тому що здатність усвідомлювати залишається базовою здатністю психіки в будь-якому випадку.

І саме вона може бути знову проявлена в психотерапії для вирішення запиту клієнта.

Цей потенціал, необхідний для вирішення будь-якого запиту, завжди з нами.

Усвідомлюючи себе глибоко та цілісно, людина повертається до початкової свободи і досконалості буття.

Але це повернення відбувається на новому рівні.

І може розглядатися як більш повна і, в підсумку, досконала, реалізація закладеного в ній потенціалу.

Іноді говорять про "виведення в свідомість несвідомих феноменів".

Але при цьому Несвідоме все одно сприймається потужнішим у порівнянні зі свідомістю.

Хоча, починаючи з Юнга, наділяється структурою та Самістю - рисами, більш властивими поняттю "Над-", а не "Несвідоме".

На наш погляд, це "Надсвідоме Несвідоме" якраз і є глибинним та цілісним Усвідомленням.

І лише роз'єднання з цим глибоким Усвідомленням робить його "Несвідомим" з нашого обмеженого погляду.

Тож в основу психіки ми кладемо глибоке та цілісне Усвідомлення.

А свідомість та здатність усвідомлювати бачимо, як просвічуванням крізь обмежене Я початкового глибокого Усвідомлення - основи буття.

УСВІДОМЛЕННЯ ТА ФІЗИКА

Інтерес до глибоких аспектів усвідомлення присутній і у фізиці.

Де це поняття розглядають як системоутворюючий фактор світу.

Але це має характер гіпотези.

Як скептично писав Ейнштейн про деякі постулати квантової фізики:

"Якщо це так, то миша може переробити Всесвіт, просто подивившись на нього".

"Подивившись усвідомлено" - варто було б додати - що, звичайно, може зробити далеко не кожна миша.

Але той самий Ейнштейн називав наше відокремлення один від одного "оптичною ілюзією".

Що дуже схоже з висловом тибетського вчителя, Тулку Ургьена Рінпоче:

"Всі проблеми походять від того, що свідомість заплутується у зовнішньому світі. А всі рішення - від того, що вона повертається назад, до свого власного усвідомлення".

УСВІДОМЛЕННЯ ТА ФІЛОСОФІЯ

Цікаво, що усвідомлення дозволяє вирішити парадокс Рассела, який в дитинстві задавав мені батько:

"Якщо Бог всемогутній, то чи може він створити камінь, який сам не зможе підняти?".

У цьому парадоксі Бог виявляється не всемогутнім у будь-якому випадку.

Пізніше я знайшов відповідь: "Бог не тільки всемогутній, але і всевідаючий. Тобто він не буде створювати камінь, який сам не зможе підняти".

Глибоке усвідомлення ніколи не створює проблеми.

Воно завжди вирішує їх.

А всі проблеми трапляються від неусвідомлення.

УСВІДОМЛЕННЯ, ДУХОВНІ ТРАДИЦІЇ ТА ПСИХОТЕРАПІЯ

В цьому місці ми наблизилися до контексту психотерапії - проблема не може виникнути в усвідомленні, вона завжди виникає в обмеженій Я-свідомості.

І вирішується шляхом розширення усвідомлення.

З'єднання, а точніше - возз'єднання Я з початковим усвідомленням.

Це "возз'єднання" нагадує сенс слова "релігія", яке буквально означає те ж саме: "возз'єднання" - "re ligare".

У цьому глибокому сенсі "возз'єднання з основою буття" психотерапія стає схожа на релігію за своїм змістом, а своєю практичною направленістю може навіть перевершувати або доповнювати її..

Здатність усвідомлювати стоїть у центрі буддизму, зокрема вищих вчень тантри та дзогчен, де має практичний характер та призводить до високих досягнень.

Апофеозом цих досягнень є реалізація Райдужного тіла - розчинення фізичного тіла в райдужному світлі в момент смерті.

Цей досвід можна зрозуміти з точки зору фізики, але дивовижно, що в тибетських вченнях надаані детальні інструкції щодо практичного його втілення.

І суть цих інструкцій - розвиток глибокого усвідомлення.

Мені подобається розглядати ці вчення, як "високу моду", від якої ми "спускаємося" до нашого "мас-маркету" з великим натхненням.

Цікаво, що Тибет і географічно є "дахом світу", отже цей "спуск" виглядає майже буквальним.

В інших традиціях також існують висловлювання на цю тему.

Наприклад, один афонський старець сказав: "Дух є вищою формою усвідомлення".

Що поєднує нас з теїстичними вченнями.

Отже ми, натхненні традиційними духовними знаннями та сучасними гіпотезами, бачимо усвідомлення, як основний фактор психіки, звертаючись до якого можна не лише вирішувати терапевтичні запити, але і допомагати людині повернути зв'язок з її глибинною сутнісною природою.

Як сказав Христос: "Шукайте перш за все Царство небесне, а все інше додасться вам".

Саме тут духовні та психотерапевтичні знання знаходять свій спільний знаменник.

УСВІДОМЛЕННЯ ТА ЕВОЛЮЦІЯ

Усвідомлення також має цінність з точки зору еволюції.

Чарльз Дарвін вважав, що людина, на відміну від тварин, еволюціонує не в боротьбі за виживання (чим, на жаль, виправдовують жорстоку конкуренцію), а на шляху "розвитку розуму і все більшого співчуття до себе, ближнього, дальнього оточення та до всіх живих істот".

Тому що еволюційною перевагою людини є розум і співпраця.

Мені здається, тут йдеться саме про усвідомлення, а не тільки розуміння, тому що згадується емоційний аспект.

Отже, ми можемо розглядати терапію, як процес усвідомленої еволюції людства.

Коли відомий дослідник емоцій Пол Екман згадав про цю маловідому частину теорії Дарвіна в бесіді з Далай-ламою (епізод описаний у книзі Пола Екмана "Мудрість Сходу і Заходу. Психологія рівноваги."), перекладач Далай-лами навіть перепитав: «Невже Дарвін так сказав?», ніби подумав: "Це ж наша, буддійська ідея!". Але виявляється, так вважав і Дарвін.

Коли ми говоримо про усвідомлення, як розвиток, не менш важливою стає ідея потенціалу.

ІДЕЯ ПОТЕНЦІАЛУ ТА НЕЙРОФІЗІОЛОГІЯ

Найкраще ідею потенціалу ілюструє метафора насіння.

Якщо у вас є насіння, то в ньому міститься все знання про те, як стати квіткою.

Потенціал насіння - стати квіткою.

Але для того, потенціал став квіткою, потрібні умови.

Для квітки це - земля, вода, світло, тепло і повітря.

Для людини це матеріальні, емоційні, духовні та ментальні умови.

Землі відповідають матеріальні умови - їжа, житло, одяг.

Воді - емоційні умови - любов, доброта, турбота.

Світлу та теплу - духовні умови - свобода, повага до особистості, прийняття.

А повітрю - ментальні умови – якісне спілкування, освіта та інформація.

Простір, в якому все відбувається, є простір усвідомлення.

Це п'ятий елемент.

Якщо всі умови є, людина стає собою.

Пам'ятаєте, як відповів Форрест Гамп на запитання: "Ким ти станеш, коли виростеш?"

- А що, я хіба не буду самим собою?

А якщо умов недостатньо, то потенціал розкривається не повністю.

Та розкривається, як адаптація до наявних умов.

Цього може бути недостатньо в майбутньому.

Гарна новина полягає в тому, що потенціал може розкриватися все життя.

Сучасна теорія нейропластичності це підтверджує.

Раніше вважалося, що, якщо пропущені сензитивні періоди, певні якості вже не розкриються.

Сьогодні ці рамки набагато ширші.

Є дослідження, що стосуються медитації, які підтверджують навіть фізичний розвиток мозку.

Вони описані в книзі "Будда, мозок та нейрофізіологія щастя" Мінгьюра Рінпоче.

А сутью медитації є усвідомлення.

Отже, якщо ваш потенціал не розкрився свого часу, то він може бути відкритим у будь-який час, коли для цього з'являться підходящі умови.

І саме цим часом стає Терапія усвідомленням.

Терапія усвідомленням цілеспрямовано займається створенням умов для розкриття потенціалу людини.

Це дозволяє подивитися на людину з великим натхненням.

А також побачити в терапії природний розвиток і односпрямовану зміну на краще.

Тобто психотерапія та коучинг у вигляді Терапії

усвідомленням перестають бути ворожінням на кавовій гущі, а стають зрозумілим і послідовним процесом розкриття потенціалу людини в певних умовах завдяки її власному усвідомленню.

ВІДМІННІСТЬ УСВІДОМЛЕННЯ ВІД РОЗУМІННЯ

Усвідомлення відрізняється від розуміння.

Наприклад, можна "нічого не розуміти" і усвідомлювати це.

Крім думок, людина може мати певні відчуття, емоції або образи.

Але розуміння при цьому може не бути.

Можуть бути навіть відсутні думки.

Це не обов'язково, але таке трапляється під час усвідомлення.

І ось в цей момент людина може спиратися на усвідомлення, а не на розуміння.

Для цього вона має бути знайома з ним.

А в терапії воно має підтримуватися терапевтом.

І в цьому усвідомленні стан людини може змінюватися.

Вона може проявляти свій потенціал.

А розуміння прийде пізніше.

Таким чином, інколи розуміння призводить до усвідомлення, а інколи є його наслідком.

Взагалі, *ясність* - одна з ознак усвідомлення.

Але воно може бути і результатом усвідомлення, і його шляхом.

В Терапії усвідомленням усвідомлення призводить до відкриття потенціалу клієнта прямо під час сесії.

Це не отримання знань про себе, які будуть застосовуватися пізніше.

Але, якщо в людини є потреба в розумінні, вона теж буде задовільнена.

Колись Фройд, який розраховував саме на розуміння у вигляді інтерпретацій аналітика, сказав:

> *"Наше завдання - зробити з невротика звичайну нещасну людину".*

Сьогодні, здається, це не виглядає привабливим.

Люди сьогодні потребують іншого досвіду, якого терапія раніше не могла їм надати.

Та на щастя, часи змінюються на краще і на шляху усвідомлення можна досягти набагато більшого.

А саме відкриття потенціалу, цілісної зміни стану клієнта під час сесії. Свободи та щастя.

С точки зору Терапії усвідомленням, всі терапевтичні гіпотези, інтерпретації, та навіть теорії та схеми психотерапії можна розглядати, як методи пробудження усвідомлення клієнта.

В Терапії усвідомленням є і свої схеми, наприклад, Мапа усвідомлення.

МАПА УСВІДОМЛЕННЯ

Мапа усвідомлення показує, що усвідомлення може відбуватися:

- в чотирьох першоелементах досвіду (тілесних відчуттях, емоціях, образах, думках);

- в трьох часах;

- та на трьох рівнях усвідомлення.

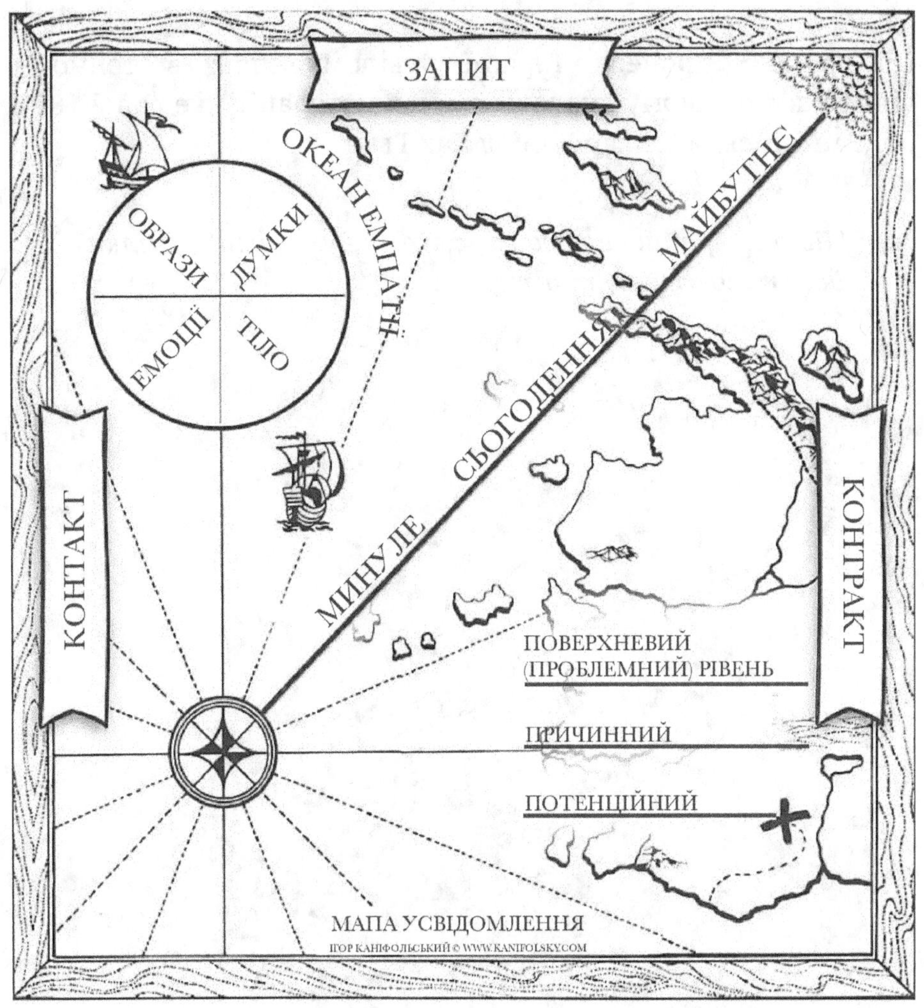

Також є умови для цього процесу:

- контакт,

- контракт,

- запит (клієнта) і

- емпатія (терапевта).

Цікаво, що процесс Терапії усвідомленням в точності відповідає першому визначенню психотерапії, яке дав у 1872 році англійський лікар Даніел Хак Тьюк:

"Психотерапія - це процес, в якому Дух клієнта зцілює його тіло в присутності лікаря".

Якщо розуміти під Духом глибоке та цілісне усвідомлення, і бачити, що зцілює воно не тільки тіло, а й душу, то це визначення залишається дивовижно точним.

ПРОБУДЖЕННЯ УСВІДОМЛЕННЯ

Зрозуміло, що метафора насіння не відображає всіх нюансів терапії, але є надихаючою і підкреслює основну ідею:

психотерапія - це процес усвідомленого розкриття потенціалу людини.

Будь-яка проблема, з одного боку,

а мрія - з іншого,

можуть бути побачені, як прояв потенціалу.

Все, що захоплює нас - це прояв нашого потенціалу.

Якщо нам подобається щось - це означає, що ми відчуваємо подібне в самих собі.

Якщо, навпаки, не подобається - це означає, що ми знаємо, як має бути краще.

І це теж прояв нашого потенціалу.

Потенціал завжди прагне до прояву, кожна людина (*країна, людство*) хоче реалізувати свій потенціал.

І все, що потрібно для цього - це створити відповідні умови.

Якщо ви пропонуєте щось дійсно потрібне людині - вона ніколи не відмовиться від розвитку.

Але як дізнатись, що людині потрібно?

Запитати її.

Що ми і робимо в Терапії усвідомленням.

Головний метод, який у нас є - це глибоке та цілісне усвідомлення клієнта у відповідь на наші питання.

Це усвідомлення притаманне людям від природи.

Але для своєї реалізації воно потребує підтримки.

І головна умова - це присутність іншої людини, яка знайома з усвідомленням та готова ділитися цим знанням.

Бо людина - це соціальна істота і без участі іншої людини вона навіть не стане людиною.

Тут не допоможе штучний інтелект, хіба що його теж розглядати, як опосередкований прояв іншої людини.

Без підтримки іншої людини потенційна здатність усвідомлювати може і не розкритися.

Терапія усвідомленням цілеспрямовано надає цю підтримку.

І це може відбуватися не "від проблеми до норми", а "від щастя до ще більшого щастя".

Тобто це може стати шляхом розвитку.

В Терапії усвідомленням ми створюємо умови і передаємо людині знання того, що вона може усвідомлювати себе і розвиватися завдяки цьому усвідомленню, прямо в процесі цього усвідомлення, виходячи за межі власних обмежень, які сформували актуальний для неї запит.

Отже, Терапія усвідомленням - це процес створення умов для реалізації усвідомлення та відкриття потенціалу людини.

ВІДКРИТТЯ ПОТЕНЦІАЛУ

Тема потенціалу широко представлена в коучингу. Але проблема полягає в тому, що коучинг традиційно не працює з причинами.

Джон Уітмор бачив у питанні "Чому?" шлях до виправдовування.

А мені здається, що нам не треба обмежувати клієнта ні в чому.

І дозволяти розвивати себе в образах і минулого, і сьогодення, і майбутнього.

Тим більше, що принципи роботи з образами і минулого, і сьогодення, і майбутнього в нас доволі схожі.

Заради справедливості треба сказати, що деякі сучасні українскі коучі розширюють свій потенціал в цьому напрямку, вивчаючи Теапію усвідомленням.

Потенціал відкривається питаннями:

- А як вам хотілося би?

- Що було б правильно?

- Як було б краще для вас?

- Що було б ідеальним варіантом розвитку подій?

і тому подібними.

і дивно, що, якщо це питання поставлене вчасно, то відповідь з'являється не тільки в голові, але і в досвіді кдієнта.

І це ще одна важлива характеристика глибокого усвідомлення - це "знання та досвід" одночасно.

У цілісному усвідомленні "знання завжди їде на коні енергії", як кажуть про це в традиційних тибетских джерелах.

Тому результат в Терапії усвідомлення не треба "закріплювати".

Він сам може підтримувати клієнта.

Йому просто треба дозволити проявлятися.

Дивуватися і радіти цьому.

ЧОТИРИ ШЛЯХИ УСВІДОМЛЕННЯ

Є думка, що сам термін "усвідомлення" з'явився в європейських мовах разом з перекладом буддійських текстів.

Хоча, санскритський термін для усвідомлення - "відья" - схожий з нашим "відати".

Але найбільший практичний розвиток це знання отримало саме в Тибеті.

Пам'ятаю, як мені було дивно бачити на одній пересувній виставці буддійських реліквій пальмове листя 8-го століття з написаними на ньому словами "самоусвідомлення" та "самореалізація".

Здається, це тренди нашого часу!

Але виявляється, ці питання хвилювали людей вже в ці дуже далекі часи.

Як згадувалося раніше, усвідомлення не дорівнює розумінню.

Відати можна і без думок.

Швидше, навпаки, думки є одним з проявів усвідомлення.

Поряд з відчуттями, емоціями і образами.

Всі ці чотири сфери можуть бути проявом усвідомлення.

Саме усвідомлення знаходиться поза ними та пронизує їх

всі, воно є "п'ятим елементом", простором, в якому все відбувається.

У терапії це має практичне значення.

Адже, якщо наше завдання - пробудження усвідомлення, це значить, що ми можемо звертатися до нього у будь-якій з цих чотирьох сфер.

Людина може усвідомлювати себе через відчуття, емоції, образи та думки і, незалежно від способу усвідомлення, воно зіграє свою цілющу роль.

Що значно підвищує наші шанси на успіх.

ТРИ ДІЇ УСВІДОМЛЕННЯ

Якщо говорити про ті процеси, які можуть відбутися з людиною в процесі усвідомлення, то в усвідомленні:

1. Може з'явиться щось нове - це *творча* дія усвідомлення.

2. Може розвинутися старе - це *розвиваюча* дія усвідомлення.

3. Може розчинитися старе - це *розчиняюча* дія усвідомлення.

Цікаво, що ці дії усвідомлення не вимагають ніяких зусиль від людини.

Вони відбуваються самі собою.

Коли усвідомлення досягає відповідного обсягу.

Це ніби дві фази усвідомлення, подібні двом етапам тантричних візуалізацій:

Усвідомлення та стадія змін всередині.

Друга стадія відчувається як "процес", який триває протягом

сесії та після неї.

Досягнення цієї другої стадії і є нашою метою.

Ми не "робимо" ніякої трансформації, а тільки підтримуємо усвідомлення - і на певному етапі його "кількість переходить в якість".

І спонтанно проявляються всі необхідні дії.

Процес цей нагадує "диво", а може, ним і є, згідно з визначенням, що "диво - це те, що відбувається по непізнаним нами законам".

Люди часто використовують слово "дивно" для опису цього ефекту.

Дивно також, що потенціали, які відкриваються, збігаються з тим, що хотів отримати клієнт в запиті.

Наприклад, якщо бажанням було "набути впевненості", то "впевненість" - саме те, що відчує людина, відкриваючи потенціал в якійсь своїй історії усвідомлення.

Цим підтверджується істина, що будь-яка проблема сама містить в собі своє рішення.

І усвідомлення проявляє його.

УМОВИ УСВІДОМЛЕННЯ

Для того, щоб диво усвідомлення відбулося, нам потрібно створити умови.

А також організувати в цих умовах певний процес.

Це я називаю "рамкою" та «змістом» терапії.

Ці умови коротко представлені в Алгоритмі роботи та на Мапі усвідомлення, а також в Зразкових питаннях на етапах Терапії усвідомленням.

З якими я вам пропоную ознайомитися далі.

АЛГОРИТМ РОБОТИ В ТЕРАПІЇ УСВІДОМЛЕННЯМ

Принципи:

- Неігнорування.
- Відкритість.
- Уважність.
- «Захист переживань».
- «Допомагаюча мотивація».

Терапія усвідомленням - процес творчий. Не треба бути «фанатичним» психотерапевтом. Будь який алгоритм не повинен зв'язувати вам руки.

Один з важливих принципів - «неігнорування» досвіду - клієнта і свого власного.

По-іншому це можна назвати уважністю. Тотальною, неквапливою і доброзичливо-зацікавленою. Озброєною мотивацією, що допомагає та підтримує.

Це також означає відкритість. Ми відкриті до всього, що відбувається в терапії, бо саме тому можливо впізнавання чогось нового.

Відкритість модерується питаннями: «Що вам спадає на думку?» або рекомендаціями: «Просто зверніть увагу на те, що приходить, на те, що відбувається зараз». Часто в терапії психотерапевт виступає «адвокатом досвіду» або «нотаріусом, що завіряє переживання». Клієнти, за визначенням, - це люди, роз'єднані зі своїм досвідом, у всякому разі, в частині проблеми, тому підтримувати їх в прийнятті своїх переживань - завдання терапевта.

Наша допомагаюча мотивація поєднує співчуття і віру в потенціал клієнта.

Наша мета - допомогти людині пройти по всіх етапах своїх переживань в проблемній зоні: прийняття, розуміння і відкриття нових можливостей.

Цій меті служить певний алгоритм.

Алгоритм роботи.

(Для його розуміння потрібні певні коментарі, ми будемо вивчати його на нашому курсі.)

1. Контакт.

2. Контракт.

3. Запит.

4. Усвідомлення.

4.1. Тіло.

4.2. Образ.

    4.2.1.Емоція.

    4.2.2. Думка.

4.3. Історія

    4.3.1. За асоціацією з образом.

    4.3.2. За часом виникнення.

4.4. Опрацювання історії.

4.4.1. Реінтегрування ресурсів.

4.4.2. Опрацювання психотравм.

4.4.2.1. Описова частина - прийняття і перетворення в «епос». Як почалася, як тривала і чим закінчилася (якщо закінчилася) ця історія? Чи переживалася вона на самоті, чи ні? Чи були з кимось розподілені переживання?

А) Дослідження емоцій в історії.

Б) Метафора ситуації.

В) Думки в ситуації (зроблені висновки).

Г) Відчуття «там і тоді» і «тут і зараз» з приводу історії. Чи "чіпляє" ще зараз? Чи важлива ще? Чи є негативний момент в сприйнятті?

4.4.2.2. Розуміння ситуації. Чому так сталося? Мотиви людей, які брали участь в ситуації (чому вони так поступали, чи була це зловмисність або незнання)? Облік часу і історичних реалій.

4.4.2.3. Відкриття потенціалу і нереалізованих можливостей в ситуації.

Що хотілося тоді?

Що могло допомогти (що могло допомогти, якби щось могло допомогти)?

Що було б краще?

Хто міг би допомогти?

Як ти сам міг би дати собі раду, якби опинився там, в тій ситуації, дорослим, як зараз?

Що зараз думаєте про ту ситуацію? Чи відрізняється сприйняття від того, що було в дитинстві? Тощо.

5. Отримання результату.

5.1. Повернення до відчуттів в тілі, з яких ми стартували в історію. Усвідомлення їхніх змін або зникнення (розчинення).

5.2. Повернення до запиту і усвідомлення, наскільки змінилося (якщо змінилося) ставлення до нього і сприйняття його клієнтом.

5.3. Завершення терапії.

А тепер все це детальніше.

1. Контакт. Встановлення контакту. Знаходження спільного досвіду, приєднання, рефлексія того, що відбувається зараз і таке інше сприяє створенню атмосфери довіри, необхідної для Терапії усвідомленням. Приєднання можливо у будь-чому, будь-яка форма спільності, знаходження схожості зближує людей, знімає напруженість і недовіру. Важливі приєднання по життєвому досвіду, корінням, відвідуваним місцям, по цінностям, що розділяються, тощо.

2. Контракт. Створення контракту. Місце, час, обставини, оплата, частота зустрічей, методи, які застосовуються, конфіденційність, ролі (хто клієнт, хто терапевт) - всі ці речі повинні бути з'ясовані в тій мірі, яка позбавляє напруги. Їх не обов'язково промовляти, якщо вони зрозумілі. Але іноді вони вимагають уточнення.

3. Запит. Отримання запиту клієнта. Досвід показує, що запити важко, та й не потрібно, змінювати на етапі їх отримання. Тому працює принцип: «Запити ми не

сортуємо». Якщо у вас немає моральних або інших перешкод для роботи із запитом, що формулюється клієнтом - треба працювати з ним. Починати з нього, як мінімум. В процесі роботи запит може змінитися і самим клієнтом. Чим ширше наш діапазон прийняття по відношенню до запитів клієнтів - тим краще. Наприклад, запити, що стосуються інших людей («Я хочу, щоб він кинув пити!» і т.п.), які зазвичай викликають бурхливе неприйняття терапевтів, теж можуть служити відправною точкою для занурення в усвідомлення.

Важливо, що в первинному, щирому запиті клієнта міститься енергія його бажання змін, а вона є «паливом» терапії. Якщо ми вб'ємо цю енергію на першому етапі, то терапія може бути не такою яскравою, динамічною та ефективною.

Я пам'ятаю одну з учасниць тренінгу для співзалежних, яка чесно зізналася: «Мене три роки вже вчать (в АА – анонімних алкоголіках), що я маю хотіти змінитися сама,, а я все одно хочу, щоб він кинув пити (про сина)!». Чесно. Чітко. І зрозуміло. Не повторюйте помилок цих наших колег!

Коли ми (з колегою) стали працювати з нею по цьому «неправильному» запиту, то ми запитали, а що вона відчуває, коли хоче, щоб син кинув пити?

І клієнтка знайшла відчуття в грудях, яке уявилося, наче кришталевий шар, в якому вона тримала в руках свого сина в образі немовля! А синові було 26 років.

Коли в подальшому, на запит колеги «А що буде, якщо шар відкриється?» (це було активне втручання терапевта, я би зараз запитав, чи підходить такий образ сина для його позбавлення від залежності, і поступово пробуджував усвідомлення,) це «немовля звалилось на землю» в уявленні клієнтки, то, наступного моменту, вона вигукнула: «Боже, які в нього міцні ноги!».

Хто працював із співзалежними розуміє, що така зміна в образі залежного сина дуже на користь вирішенню її запиту, бо, як сказала інша наша колега, «при залежності потрібно не милиці віднімати, а ноги зміцнювати». Її образ сина змінюється, змінюється ставлення до нього, змінюється вона сама – хоче запит був «невірним».

Запит є також «маяком» або орієнтиром на нашому терапевтичному шляху. Коли щось складно і ми не знаємо, що робити, - завжди можна звернутися до запиту і згадати: «А що, власне кажучи, ми тут робимо і з якого приводу?». Це відразу розставляє все на свої місця. Адже запит клієнта - це те, що створює терапевтичну ситуацію і дає нам право ставити незвичні питання, втручатися, в якомусь сенсі, у внутрішній простір клієнта. Поки запит актуальний - терапія триває. Енергія запиту і є цілюща сила в клієнті.

Якщо переживання, які проявляються в терапії, не мають відношення до запиту - ми не можемо ні вимагати від клієнта звіту про них, ні розраховувати з упевненістю на їх зміну. Як правило, це залишається за рамками терапії до наступного, можливо, разу. Таким чином, запит визначає і рамку терапії.

4. Усвідомлення. Якщо клієнт інформований про Терапію усвідомленням, то ми можемо відразу приступати до терапії. Бувають такі досвідчені «користувачі». Але в багатьох випадках, все одно має місце попередня розмова «по верхах», яка включає обговорення скарг, історії та ситуації клієнта, подібно збору скарг і анамнезів - в практиці лікаря. Це - вже частина психологічного консультування, від якого клієнт може відчути полегшення і отримати користь. Можна сказати, що це початкова частина Терапії усвідомленням. Саме доброзичлива увага цілюща для людини. І на цьому етапі можуть спливати важливі, з терапевтичної точки

зору, моменти життя клієнта - ресурси і психотравми. У свідомість клієнта спогади приходять не просто так, є якась підсвідома мудрість, яка хоче допомогти усвідомити те, що необхідно, в зв'язку з даною проблемою. Для чого проблема, власне кажучи, і створена.

Якщо ми зустрічаємо ресурс - важливо виділити його в свідомості клієнта, допомогти усвідомити і подосліджувати зв'язок цього ресурсу з запитом. Часто виявляються забуті сили та досвіди, здатні допомогти подивитися на ситуацію і на себе в ній з іншого боку. На цьому етапі буває достатньо простої участі терапевта. З технічних прийомів і знань можна згадати пропозицію усвідомити цей ресурс, як властивий собі, а не ситуації, в якій він проявився (Скажімо, мені було добре в селі у бабусі - це значить, що у мене є потенціал відчувати себе добре, який проявився там в силу певних обставин. Отже, можна прагнути відчувати себе добре скрізь.)

Це знання-метод дуже допомагає у випадках з залежними, коли наділення психоактивної речовини винятковістю в прояві бажаного стану є однією з ілюзій, яких треба позбутися. Звільнення від ілюзій відкриває шляхи пошуку справжнього ресурсу.

Психотравмуючі ситуації ми опрацьовуємо, але на цьому етапі опрацювання може не бути таким ефективним, як тоді, коли ми потрапляємо в минуле через відчуття в тілі. Спогади на першому етапі терапії, відрізняються поверховістю. Хоча робота з ними є обов'язковим етапом, що звільняє простір усвідомлення для, можливо, глибших підходів у вирішенні проблем.

Хоча, треба сказати, що запити людей дуже відрізняються і по критерію необхідної глибини опрацювання. Дехто отримує допомогу і задовольняється результатом вже на цьому етапі.

Якщо ж цього не відбувається, то, як правило, в кінці першого етапу роботи над проблемою виникає питання: «І що далі?» або «І що мені з цим робити?». Це дуже добре, бо вказує на наявність у клієнта ресурсів та мотивації на подальшу роботу. Такого роду питання надихають терапевта запропонувати подальші кроки до самоусвідомлення.

4.1. Тіло. Тіло являє базовий рівень усвідомлення себе і є, так би мовити, «порталом» в глибинне самоусвідомлення. Це, з одного боку,«предмет», який належить до зовнішнього світу, «по ньому можна постукати». А з іншого боку - це суб'єктивність досвіду, що протікає в тілі у вигляді емоцій і відчуттів, це сприйняття зовнішнього світу через тіло за допомогою органів почуттів. Таким чином, тіло - те, що об'єднує зовнішній і внутрішній світ, суб'єктивне і об'єктивне.

Тіло реагує однаково і на внутрішній міф, і на зовнішній світ. І тому якість життя і здоров'я клієнта залежить від обох цих факторів. Через напруги в тілі ми можемо швидко зрозуміти деталі особистої історії або особистого міфу, які потребують опрацювання.

«Тіло не бреше». Увага до тіла наділяє психотерапію надійним зворотнім зв'язком. І дає критерії опрацювання травматичних ситуацій. Ці критерії можуть бути навіть об'єктивізованими в прямий контактної роботи з тілом. У роботі з тілом ми бачимо, як від усвідомлення історій стан тіла значно змінюється. Знімається напруга, з'являється тепло, «жвавість» і наповненість. Цей дивовижний досвід надихає передбачати зміни в тілесному стані, навіть коли ми потім працюємо тільки онлайн. По суті, будь-яка якісна психотерапія так чи інакше має включає увагу до тіла. Ми в нашому підході робимо це максимально цілеспрямовано та усвідомлено. Якщо зміни відбуваються не тільки в розумінні, а й в тілі, результат терапії не потрібно буде підтримувати - він сам буде підтримувати вас.

Робота з тілом важлива у всіх запитах: від психосоматики до роботи з майбутнім.

На цьому етапі – роботи с тілесними відчуттями стосовно запиту - ми ставимо запитання: «А що ви відчуваєте у своєму тілі, коли думаєте про свій запит?». І пропонуємо «сканувати» тіло для виявлення тілесних відчуттів, пов'язаних із запитом. Що з'явилися або, точніше, що проявилися, зараз, або актуально присутні на даний момент.

Можна зібрати всі відчуття, що проявляються в тілі.

Тут працює принцип не поспішати, рухатися поступово, з повагою до досвіду.

Коли всі відчуття зібрані (можна навіть відзначити їх на малюнку - контурі тіла), ми цікавимося (пропонуємо клієнту усвідомити) приємні або неприємні ці відчуття, подобаються вони чи ні. Це дозволяє актуалізувати запит і дає енергію на роботу. Потім ми вибираємо одне з відчуттів і починаємо працювати з ним.

Або ми можемо поєднати всі відчуття в один образ та досліджувати образ ідентичності - «хто я з цими відчуттями». Вибір можна надати клієнту.

4.2.Образ. Найпростіше говорити про тілесні відчуття на мові образів (метафор). До того ж, вони дисоціюють і дають ефект анестезії. Клієнту буде легше усвідомити образ, відповідаючи на питання: «Це велике чи маленьке? Світле чи темне? Тепле чи холодне? Об'ємне чи пласке?» тощо.

Інколи відчуття простіше показати, ніж описати. У деяких підходах психотерапії пропонують почати рух, виходячи з відчуття, і усвідомити образ себе, що рухається: Хто я в цьому русі? І що я роблю зараз?

Важливо розуміти, що завдання побачити образ - це завдання клієнта і це потрібно йому для вирішення його запиту, а не завдання терапевта. Щоб не впадати в зайву наполегливість або страх, що цього не вийде. Психотерапія в нашому підході - це дуже природний процес. Людині властиво заплутуватися, але також властиво і розплутуватися в своїх переживаннях, а ми – терапевти - просто допомагаємо в цьому. Бо володіємо навичками та знанням. А також досвідом та вірою чи гіпотезою, що "все можливо", якою ділимося з клієнтом.

Частину запитів можна вирішити і без усвідомлення образів.

Тому якщо образ не бачиться, або у всіх інших випадках для повноти картини ми можемо пройтися по всьому Колу усвідомлення і досліджувати далі⬜

4.2.1. Емоції, пов'язані з цим тілесним відчуттям, - якщо вони є. Треба розуміти, що емоції - це асоційовані переживання, про них важко говорити відсторонено, і тому питання про емоції може занурити людину в переживання.

Дослідження емоцій в цьому моменті не обов'язково і є додатковою можливістю підвищити усвідомлення.

Як ми пам'ятаємо, основою терапії є розвиток усвідомлення клієнта в різних сферах свого життя і суб'єктивного досвіду і на різних рівнях реальності. Тому будь-яке підвищення усвідомлення терапевтичне і додає ресурси і можливості в наш процес.

Якщо людині важко назвати свої емоції, можна допомогти їй їх перерахуванням (деякі терапевти тримають на робочому столі список емоцій) або висловити свої емпатичні припущення.

Важливим моментом усвідомлення тут є те, що людина може відчувати суперечливі емоції, часто навіть протилежні: любов і ненависть, наприклад, в один і той самий момент часу та   по відношенню того ж самого об'єкту. Визнання цього факту допомагає повному усвідомленню емоцій.

Іноді виникає суперечка щодо того, що вважати емоціями, а що почуттями, але, як правило, вона носить абстрактний характер, і на практиці ми можемо використовувати ці слова, як синоніми. Хоча, якщо це важливо для вас і клієнта, то можна домовитися про терміни. Якщо мова йде про реальну роботу в терапії за запитом клієнта, то ми розуміємо, що тут важливо усвідомити все, що можна віднести до певного «спектру» переживань, який відрізняється від «думання» на цю тему. До цієї «частоти» близькі бажання, відносини, почуття, реакції, наміри, можна назвати це «емоційно-вольовою сферою».

Емоції також відчуваються в тілі та можна з'ясувати локалізацію переживання тих чи інших почуттів. Причому емоційні відчуття відрізняються від власне тілесних, які ми досліджували раніше, хоча схожість між ними також є. Треба розуміти, що розподіл, який ми використовуємо з метою допомоги в самоусвідомленні, не є абсолютним.

Допомагає усвідомити емоційний стан повідомлення про те, що він буває трьох видів: позитивний, нейтральний та негативний і пропозиція вибрати з цих трьох станів. Можливо, варто було б додати «змішаний» стан .

Але нам важливо в терапії знайти і допомогти трансформувати ті емоційні переживання, які сам клієнт вважає «негативними». У змішаних вони, мабуть, також присутні.

Інколи виникає питання: який стан можна вважати негативним? На це можна відповісти: це саме те, що турбує, що гнітИть, що привело в терапію. Певний стан, який важко і навіть неможливо прийняти, від якого хочеться позбутися, з яким не хочеться зустрічатися і від якого хочеться відвернутися.

Взагалі, проблема неприйняття є ключовою в терапії. Можна навіть сказати, що в терапії ми прагнемо прийняття. Прийнявши якесь переживання, людина вже може працювати з ним. До терапевта йдуть саме від неприйнятих станів.

Більш глибоке розуміння свідчить, що саме розподілення на прийняте і неприйняте є проблемою. Подібно пізнанню добра і зла, за яким послідувало вигнання з Раю. Можна сказати, що в терапії ми прагнемо повернути стан прийняття без поділу на хороше та погане. Практично це виглядає, звичайно ж, як порятунок від неприйняття або від «негативності» в переживанні. При цьому залишається розрізнення і перевага одного іншому, але без відрази до другого.

4.2.2. Також ми можемо досліджувати думки, пов'язані тепер уже з цим відчуттям, образом і емоцією, їм відповідними.

Важливо тут не лише зміст міркування (хоча і воно може стати вирішальним для запиту), але сам факт усвідомлення цієї сфери психічного. Тому ми приймаємо в клієнті, а також надихаємо клієнта прийняти в собі будь-якого роду думки, які приходять в голову з приводу запиту, або стан «без думок», якщо він виникає.

Важливо відрізнити тут власні міркування від нав'язаних переконань.

Іноді, а, насправді, досить часто, в цьому місці або на цьому етапі терапії включається «архаїчне мислення» і з'являється бажання щось зробити з виявленим образом хвороби або проблеми - прибрати, спалити, знищити, закопати в землю, позбутися, одним словом.

Важко заборонити це робити, тому можна запитати, чи відбувається це, чи робиться? Або запропонувати спробувати зробити це, бажане, дозволити йому відбутися. Важливим є результат. З досвіду, такі дії не дають остаточного результату і щось із проявів проблеми залишається. Тоді можна продовжити працювати з цим залишком.

Більш стабільний і повний результат досягається не на шляху маніпулювання з образом, а на шляху прийняття змін, які в ньому відбуваються. Сама можливість цих змін може відкриватися, наприклад, питанням: «Чи відбувається щось з цим?».У помякшеній формі це звучить: «А якби щось могло відбуватися, то що б це було?» і взагалі, «Чи можливо це в принципі?».

У Терапії усвідомленням ми можемо подосліджувати цей образ також в трьох вимірах: що з ним було в минулому, звідки він з'явився, що є зараз, в сучасності, і що може бути у майбутньому. Це лінійне дослідження часу також відноситься до сфери думок.

І тут, як правило, запитання чітко розподіляються на два типи: з одного боку, це досягнення зміни, трансформації образу і стану в сьогоденні і майбутньому, а з іншого, - це відкриття з його допомогою тієї історії, яку цей образ «хоче розповісти».

Цей другий шлях в Терапії усвідомленням доповнює роботу з сьогоднішнім станом опрацюванням минулого.

Створюючи можливість для клієнта не тільки змінити свій стан зараз, але й заповнити свій життєвий досвід за рахунок усвідомлення до рівнів прийняття, розуміння і відкриття потенціалів важливих історій свого минулого - іноді ресурсних, але частіше психотравмуючих, які потім з'являються як ініціативи для розвитку індивідуальності, стаючи етапами особистого зростання, результати якого можуть бути використані в майбутньому. Такого роду опрацювання робить ефект психотерапії більш повним, надійним і природним. Зміна образів і станів при цьому відбувається спонтанно в міру того, як вони розкривають свої історії, які, на мій погляд, і були покликані донести це до нашої свідомості.

4.3. В історії усвідомлення ми потрапляємо двома шляхами:

4.3.1. За асоціацією з образом.

Питання, яке тут звучить, виглядає так: «А де в житті Вам зустрічалося це або щось подібне?»

Іноді відразу, іноді після недовгого пошуку, але часто з погано прихованим подивом (крізь «Невже це може бути пов'язано?..) клієнт згадує історію, в якій був присутній в його житті такий або якийсь подібний предмет.

Наприклад: клієнтка відчуває, що її «наче тріску, несе бурхливий потік» (це ще один вид образів - образ себе цілком, який теж може бути отриманий-усвідомлений - в процесі терапії).

На питання, де це або щось подібне зустрічалося в її житті («трісочка в потоці»), вона одразу ж згадує про ... своє дитинство, в якому їй доводилося спостерігати сплав лісу, на якому працювала любляча її тітка ... І ми потрапляємо в ресурсну, в даному випадку, історію, спогад і реінтеграція якої, за принципом, вище описаним, сприяє просуванню по запиту.

В Терапії усвідомленням люди частіше потрапляють таким чином в проблемні, психотравмуючі історії дитинства, як періоду, коли закладаються базові стереотипи реагування і велика частина картини світу. Найчастіший період, з яким ми зустрічаємося і який досліджуємо - 5-6 років. Кажуть, що до цього віку закладається 95% картини світу, яка потім лише трохи доповнюється і розвивається. У терапії ми стикаємося з необхідністю розвивати картину світу, оскільки проблема виникла саме в наявній картині клієнта. І ми маємо можливість зробити це, причому на тому самому рівні, на якому ця картина сформувалася. Завдяки можливості потрапляти в дитячі переживання через тілесні відчуття, пов'язані з проблемою в сьогоденні.

З наукової точки зору цю можливість підкріплює сучасна теорія нейропластичності – мозок розвивається все життя і ми можемо заповнювати непроявлені фрагменти цього розвитку, створюючи для цього певні умови. Що ми і робимо в Терапії усвідомленням. Сподіваюся, в майбутньому ця теза отримає підтвердження в психотерапевтично-нейрофізіологічних дослідженнях, подібних до тих, які зараз відбуваються стосовно медитативних станів. На відміну від медитативної практики, в терапії ми робимо процес усвідомлення цілеспрямованим – воно відбувається по запиту клієнта - для вирішення цього запиту. Але при цьому зростає і рівень усвідомлення взагалі, як в практиці медитації.

4.3.2. За часом виникнення.

У деяких випадках усвідомлення причин відбувається в результаті зосередження на питанні: «Як давно це у вас тут знаходиться?». Причому відповідь «з'явилося щойно» можна обговорювати на предмет «з'явилося» або «проявилося» зараз? Як правило, клієнт розуміє, що в ситуації терапії, тут і зараз, не відбувається нічого, що могло б сприяти появі напруги. Таким чином усвідомлюється, що ця напруга і відповідний їй образ «проявилися» зараз, а присутні в тілі неусвідомлено були раніше.

І тоді виникає питання, з якого часу? Мені подобається одразу ставити питання: «Ви народилися ви з цим, чи ні?». Зазвичай відповідь негативна. Хоча, в деяких випадках, бувають історії, які започатковані ще до народження.

Це минуле може переживатися, як минуле роду, або як особисте минуле індивідуального потоку свідомості.

Наприклад, жінка відчуває в тілі напругу, яке візуалізується як осколки ... від бомб, що впали під час війни на село, в якому жила... її бабуся, коли була ще маленькою... Дивно, але ця напруга передавалося через покоління... І ми в цьому випадку працюємо з образом бабусі – маленької переляканої дівчинки під час війни. Бо вона теж є образом підсвідомості клієнтки, часткою її внутрішнього світу.

Або, в іншому випадку, відбувається робота за запитом, пов'язаним із заробітком. З відчуттів в тілі: якесь стискуюче почуття в скронях ..., яке усвідомлюється як лещата ... які стискають голову. Навколо вогонь ... і клієнтка відчуває себе в середньовічному Китаї... де вона горить на кострі за крадіжку.

І таке далеке минуле потім опрацьовується.

Такі випадки рідкісні, але до них потрібно бути готовим, оскільки відкритість - це неупередженість і ми не можемо відмовляти клієнтові в досвіді тільки тому, що його немає в нашій картині світу.

Набагато частіше люди потрапляють в спогади цього життя від народження (або внутрішньоутробного періоду) до теперішнього часу.

Приклад про внутрішньоутробний період: у зв'язку із запитом про страх жінка відчуває щось у горлі, грудях, що при проясненні визначається як ... зародок. В якому вона відчуває себе, але при цьому зараз вона сама ідентифікує себе також зі своєю матір'ю в ту пору, коли вона була вагітна нею. І розуміє, що страх, який вона переживає зараз - це страх матері, який та пережила в період вагітності.

Що стосується прижиттєвих періодів, то можна допомогти клієнту усвідомити час виникнення напруги-образу в тілі, називаючи на вибір: 5-10-15-20 років тому? Давно або недавно? Що для вас недавно? Місяці, дні, тижні? Скільки саме місяців або років тому, як здається? Як правило, спливає якийсь термін, який потім можна співставити з реальністю.

Ще один варіант усвідомлення часу виникнення - в якому віці? Зазвичай люди визначають це за періодами життя: в школі, в інституті, після заміжжя, але іноді усвідомлюються і конкретні дати. Зрозуміло, що від цих дат не слід вимагати особливої точності і вони можуть змінюватися і уточнюватися в процесі подальшого усвідомлення.

Нам важливо визначити, в який період часу ми потрапляємо: ресурсний чи проблемний? Я зазвичай роблю це питанням: «Як вам жилося тоді? Це був позитивний чи негативний період вашого життя, як він сприймається тепер? » або щось на зразок цього.

Також можна поцікавитися, що відбувалося у вашому житті тоді? Часто клієнтам властиво недооцінювати значимість своїх переживань і терапевт виступає«адвокатом досвіду», підтримуючи клієнта в прийнятті того, що дійсно важливо. Зазвичай психотравмуючими стають будь-які зміни в житті: переїзди, поїздки в табір, похід в школу, вступ до університету або завершення навчання, розлучення батьків тощо. Іноді бувають особливі випадки, як наприклад, зустріч зі смертю, переживання страшних подій.

Якщо подія все ще негативно вагома, а це значить, що при згадці про неї з'являється негативна реакція в тілі, вона потребує опрацювання. Важливо пам'ятати, що все це ми робимо за запитом клієнта і це не стосується до будь-яких подій життя.

Що є критерієм правильності усвідомлення? Почуття, що ми «на правильному шляху» у клієнта і терапевта, усвідомлення, що ці події пов'язані або можуть бути пов'язані із запитом, відчуття тепла в тілі при розповіді про ці події і – звичайно, результат. Якщо при опрацюванні такої історії напруга в тілі, пов'язана із запитом, зникає, це було правильне усвідомлення. Часто, ставлення до запиту, його значимість, сприйняття як проблеми, при цьому теж змінюється.

4.4. Що ж власне означає опрацювання історії?

Вона буває двох видів: реінтегрування ресурсів та опрацювання психотравм. Розглянемо почергово.

4.4.1. Реінтегрування ресурсів. Як вже говорилося, важливо зрозуміти, що добрий стан, яке відчувався в тому далекому місці і часі - «там і тоді» - не є властивістю місця і часу, а проявом потенціалу, властивого нашому клієнтові. Прояв його тоді відбувся за певними умовами - можна зрозуміти якими - але цей потенціал завжди притамАнний людині і може проявитися і зараз. Це – гіпОтеза Терапії усвідомленням стосовно потенціалу.

Другий варіант продуктивного міркування - це пропозиція взяти цей ресурс з собою з того часу в сьогоденне життя, якщо цього хочеться і якщо це може стати в нагоді для вирішення запиту. Як би «протягнути або провести» по життю, по лінії часу, з минулого в сьогодення. Зазвичай ці процеси відбуваються самостійно, спонтанно, від одного тільки усвідомлення зв'язку в тілі між цим забутим, як правило, ресурсом і запитом в сьогоденні. Але ми можемо допомогти цьому природному процесу статися. Важливий критерій успішності цього: змінюється стан в сьогоденні.

4.4.2. Опрацювання психотравм.

Це найбільш важлива і часта частина нашої роботи. Як сказав один учитель, наша задача проста: знайти негатив і перетворити його в позитив. Перетворення це досягається на шляху виявлення того позитиву, який приховано присутній в будь-якій ситуації. Це відбувається в три етапи.

4.4.2.1. Прийняття.

Якщо ми стикаємося з негативною історією, то перший етап її опрацювання - це прийняття. Тут важливу роль відіграє розподілення цього досвіду, часто вперше в житті, у всякому разі, так тотально, з психотерапевтом, який володіє достатньою силою і усвідомленістю, щоб спокійно і співчутливо вислухати історію повністю. Розповідання історії як би перетворює її в епос, який, як відомо, був беземоційною розповіддю на зорі зародження літератури людства. Нам цікаво, як починалася історія, що було «до неї», як розвивалася і чим закінчилася. Бувають історії, які не закінчилися досі, тоді можна усвідомити, як вона триває в теперішньому часі. Навіть якщо історія завершилась, коли вона відкривається в терапії, ми розуміємо, що її завершення відбулося тільки в зовнішньому плані. Внутрішньо вона все ще значима і саме тому згадується і спливає з підсвідомості.

Часто це історії забуті і ніколи не згадувані, але іноді вони періодично приходили в свідомість клієнта. Іноді виявляється зовсім новий зв'язок запиту (проблеми) з подіями минулого, іноді підтверджується вже відомий. Важливо, що в даному випадку він відкривається через тіло і, відповідно, відбувається не просто «мислення про це», а глибоке занурення в переживання.

Цьому сприяє:

А) Дослідження емоцій в ситуації. Що відчувалося тоді? Як це Вам подобалось взагалі? Які емоції переживались? Можна запропонувати назвати їх, усвідомити, де вони відчуваються в тілі.

Б) Добре допомагає зрозуміти суть і суб'єктивне значення ситуації (в тому числі самому клієнту для самого себе) дослідження образу ситуації в цілому: «Що сталося для вас в метафоричній формі?». Якщо терапевтична інтуїція пропонує варіанти відповіді, можна озвучити їх, надихаючи таким чином клієнта усвідомити свої: «Впав світ?», «Зруйнувався будинок?», «Вибухнула бомба?». Як правило, якийсь варіант метафори усвідомлюється і тим самим ми «підключаємо» праву півкуля до роботи над проблемою.

Іноді можна вирішити задачу на рівні метафори і потім це рішення переноситься в реальне – мається на увазі зовнішнє - життя. Мова метафор, як правило, дуже ефективна і дозволяє передати в короткій формі те, що неможливо передати словами.

В) Можна допомогти клієнту усвідомити думки, що з'явилися у «тій самій» ситуації, згадати зроблені висновки. Часто люди живуть під впливом висновків періоду дитинства живуть усе життя і саме для їх зміни і створюється проблема. Цей момент, по суті, включає в себе адлерівську терапію «прийняттям рішень».

Висновки, зроблені в дитинстві і юності, як правило, незрілі і, в будь-якому випадку, неповні. Принаймні ті, що призвели до проблеми. Наше завдання –допомогти усвідомити їх і побачити можливість їх розширення, розвитку або доповнення з боку самого клієнта.

Тут спрацьовує потрійна функція усвідомлення і

висновки можуть бути:

1) анульовані (визнані абсолютно неправильними, від яких потрібно відмовитися);

2) трансформовані (змінені, розвинені, доповнені, розширені, уточнені)

та / або

3) замінені на інші, абсолютно нові, не властиві людині раніше.

Ці три функції можуть виявлятися і в роботі з будь-якими іншими

складовими психіки.

Важливо, що зміна відбувається в тому самому місці і часі, де і коли вони виникли, тому реалізація їх настає миттєво.

Працює той самий принцип спонтанності: найкраще, і найчастіше так і буває, коли зміни відбуваються самі собою, від їх усвідомлення. Ми ж своїми пропозиціями лише прагнемо підтримати той природний процес, а не замінити його. Фактично, будь-яка проблема існує від неусвідомлення і для усвідомлення, після досягнення якого вона зникає.

Г) Сприяє усвідомленню «включення», так би мовити, ресурсів теперішнього часу. По суті, у нас є два стани в даний момент терапії: це переживання «там і тоді», в історії усвідомлення, та «тут і зараз», у клієнта в нашому кабінеті. І ми можемо усвідомлювати їх різницю і сприяти їх інтеграції.

«Що ви зараз думаєте (відчуваєте, переживаєте) з приводу тієї ситуації?».

Це питання викликає два варіанти відповідей: те ж саме, що тоді, або щось інше. Деякі люди розвиваються в житті і мають іншу реакцію на свої дитячі Образи, ніж в дитинстві. Інші не змінюються зовсім і можуть навіть у дорослому стані реагувати так само, як і в дитинстві.

В терапії ми обговорюємо корисність тієї чи іншої реакції з точки зору ставлення до запиту. «Чи допомагає така ваша реакція вирішити ваш запит?» Це дозволяє клієнту зробити правильні для себе висновки.

Ще однією можливістю включення ресурсів дорослого в дитячу травму є питання: «Якби ви опинилися там, поруч з собою маленьким, могли б ви дати собі раду і якщо так, то як?». Цей шлях є найпродуктивнішим у більш ніж 80% клієнтських випадків, на мій погляд, але про нього трохи пізніше.

На даному етапі нам важливо зрозуміти, що ситуація все ще значима, що є певні почуття і реакції в тілі, які викликає спогад про неї, і що вона може мати відношення до вирішення запиту.

4.4.2.2. Розуміння ситуації.

На цьому етапі ми можемо внести в ситуацію більше розуміння, ніж було раніше. Чому так сталося? Чому вони так вчинили, батьки, наприклад? Що рухало тією чи іншою людиною, значимим учасником цієї історії? Що рухало вами? Які мотиви? Як на ситуації позначилося час і місце, в якому вона розвивалася?

До речі, уточнення місця і часу сприяє чіткому розподілу

переживань «там і тоді» від «тут і зараз» і, в підсумку, більш ясного усвідомлення обох.

До колишнього, часто дитячого сприйняття, в якому переважали, в основному, емоційні нотки, додається більш широке розуміння події. У цей момент, як правило, знімаються звинувачення з близьких людей, розуміється їх власні проблеми і неможливість у той момент вчинити інакше. Цей етап можливий тільки після повноцінного прийняття ситуації в минулому.

Складається враження, що, крім технічного забезпечення процесу, люди - наші клієнти - потребують ще й простого співчуття. І поки вони його не отримають - ніякого рішення і розуміння відбуватися не буде. Воістину, «Любов, доброта і турбота» - універсальні ліки людства. Але вони повинні бути доповнені мудрістю і знанням, що ми і робимо в Терапії усвідомленням.

На цьому етапі досягається заспокоєння і ще повніше прийняття ситуації, але не остаточне звільнення від її наслідків в тілі та житті клієнта. Наступний крок веде нас далі.

4.4.2.3. Відкриття непроявленого.

У кожній ситуації містяться «зерна світла». Іноді їх називають «насінням блаженства», іноді - «природою Будди», іноді - «зернами Духу». Наше завдання - відкрити їх. Причому, часто ці зерна не виявлені взагалі ніяким чином у житті людини, ні тоді, в минулому, ні у сьогоденні, і саме вони і є потенціалом, який потребує розкриття. Адже саме для цього і існують проблеми. «Благословенні труднощі, вами ми зростаємо». Завдання терапії - допомогти людині в цьому.

Складається враження, що деякі потенціали можна розкрити тільки в тому місці і тому часі, коли вони повинні були розкритися, але цього не сталося і ситуація, потенційно ініціююча, що сприяє розвитку, перетворилася на психотравму. Причому те, що ця історія вже нібито давно в минулому і те, що в дорослому стані вже начебто були виявлені ті якості, яких не вистачило там і тоді, схоже, не зменшує значущості цієї історії. Принаймні, у тих, хто потребує психотерапії.

Тобто історія повинна бути прожитою повністю і в тому місці і часі, коли вона сталася.

Що означає повністю? Тут ми говоримо про три рівні реальності: проблемний, причинний і потенційний. В терапії це – прийняття ситуації, розуміння її і відкриття її потенціалу.

Якщо про перші два ми вже поговорили, то третій відкривається питаннями: «А що вам хотілося тоді?», «Що було б краще?», «Що могло б допомогти або хто міг би допомогти?» тощо. Часто зворушливо до сліз бачити, як мислення людини змінюється на очах у бік пошуку позитивного варіанту розвитку подій.

Можливого, але не реалізованого за певних обставин, вже зрозумілих з попереднього етапу. В цей час відбувається такий своєрідний коучинг минулого. Часто психотерапевт - перший, кого насправді цікавлять бажання маленької людини в її непростій ситуації. І ця людина чекала цих питань багато років.

Наприклад, жінка звертається з приводу проблем у дорослому житті, пов'язаних з скутістю в тілі. Відчуття в тілі виводять на історію, коли вона з мамою та вітчимом знаходиться в світлій і просторій кімнаті їх будинку, дорослі - за столом, вона грає на підлозі. Після усвідомлення всіх почуттів в цій ситуації, розуміння її причин і тому подібне, на питання «А що тобі хотілося б тоді?» виривається зітхання полегшення, радості, захоплення - від простоти вирішення ситуації, яка наклала відбиток на все її життя: «Мені потрібно було просто дозволити кататися на велосипеді!». Від цього відкриття можливості, яка не трапилася, але, тим не менш, сприймається як реальна, а не фантазійна, звільняється напруга, що сиділа в тілі багато років. Складається враження, що проблеми існують саме для того, щоб проявити такі ситуації у минулому та допомогти усвідомити їх. Через це відбувається прийняття подій, звільнення від негативних реакцій і почуттів і їх наслідків в сьогоденні, що проявлялися у вигляді перенесення на інші ситуації. Усі ірраціональні почуття і стани мають в собі цей «тягар» з минулого, який може бути звільнений. Важливий прийом, який може бути застосований для відкриття нереалізованих реакцій, проявів та розвитку їх в дорослому стані - «обмін посланнями» з емоційно значущими людьми - персонажами історій усвідомлення минулого.

«Що хотілося б сказати або почути від них - няньці у дитячому садочку, вчительці в школі, батькам, бабусі, дідусеві?» - усім тим, з ким є незавершений обмін емоційною енергією. Це воістину звільняюча процедура може бути проведена подумки або вголос з образами клієнта, які він уявив собі зараз. По суті, ми працюємо з психічним простором самого клієнта, з його образом інших людей, з його картиною світу. Хоча, я думаю, зниження напруженості в ставленні позитивно впливає і на саму людину, де б вона не перебувала. Тут важливо не плутати спогади про звичні реакції цієї людину на спроби поговорити з нею в минулому в реальності з цим уявним обміном посланнями, зверненими до її суті. Корисний хід, який можна використовувати у відкритті потенціалів ситуації - це залучення ресурсів дорослого в минулому. Ми частково вже говорили про це раніше.

«Чим би ти сам міг допомогти собі маленькому, якби опинився поруч з собою в тій ситуації?» Це такий своєрідний «шаманський» прийом - повернення «втраченої душі». Шамани вважали, що образ людини залишається в тому місці і в тому часі, де вона зіткнулася з психотравмою, і застигає там. І ми вирушаємо туди, зустрічаємося з ним і допомагаємо йому. Причому це робить сам клієнт, цілком в дусі психотерапії. «Евакуює» себе з тієї ситуації і інтегрує в себе справжнього. Цей процес приносить багато радості та сил, до цього зв'язаних травмою і в тілі, і в свідомості.

Таким чином, відкриття потенціалу - це не просто роблення висновків, а перепроживання ситуації, в результаті чого змінюється стан в сьогоденні, а спогад втрачає свою негативну значимість, позбавляється від тієї напруги, яка була з ним пов'язана і стає повністю пропрацьованим досвідом. У цьому процесі звільняються ті наслідки, напруги, блоки, які залишила психотравматична ситуація до цього часу. Вони і були проявом проблеми сьогодення в тілі.

В цей час відбувається розвиток людської індивідуальності, тих її частин, які відстали через зіткнення з нестерпним тоді досвідом. Цей досвід ніби зберігається в пам'яті тіла для того, щоб бути прийнятим і інтегрованим, але не в болючій, а своїй звільненій формі. І симптом в сьогоденні - психосоматика, невротична, психологічна проблема - це нагадування про цей досвід.

Терапія усвідомленням стає не тільки вирішенням проблем, а й допомогою людині у розвитку, можна сказати, дорозвиненням частин або сторін особистості, що затрималися в розвитку. Це створює можливість говорити про надійний ефект психотерапії, оскільки не залишається нічого, що могло б ще ховатися за симптомом. Будь який зрив або відновлення проблеми при цьому говорить про те, що є ще щось, що потрібно з неї витягти і ніщо, насправді, не відбувається в колишньому вигляді. Від такого роду роботи є завжди ефект руху вперед.

Крім того, людина збагачується досвідом - своїм власним досвідом життя, з якого робить більш досконалі висновки, істинність яких перевіряється в її власних відчуттях. Опора на тіло просто не дозволяє «навішати» щось помилкове в результаті психотерапії, тіло завжди буде реагувати на це напругою. І навпаки, справжні висновки завжди супроводжуються теплом і розслабленням в тілі, приємним відчуттям спокою та звільнення.

Відбувається також розвиток свідомості в сенсі прийняття нового і різноманітного досвіду. З'являється досвід розвитку в плані зміни поглядів і ставлення до чого б то не було в своєму житті. Змінюється світогляд і картина світу. Зростає віра і довіра до себе, до світу, до людей в їх істинній суті, до їх потенціалу. Все це дуже збагачує процес, який в даному випадку відбувається майже непомітно, на шляху переосмислення складних випадків свого життя клієнтом. Це такий своєрідний «case-study», метод навчання та розвитку на власному досвіді. Все це і виглядає, і є насправді дуже природним процесом, не викликає сумнівів і відчуттів «штучності» досвіду. Ми просто слідуємо за усвідомленням клієнта, поширюючи його у глибину - у відчуття, емоції, образи, думки, у ширину - минуле, сьогодення і майбутнє, та у висоту - через сприйняття і розуміння до досягнення потенціалу.

«У майбутнє» - означає, що нас може цікавити, які перспективи розвитку образу відчуття бачаться людині? Часто це мотивує до змін, особливо, якщо ці перспективи негативні. Або яке майбутнє образу хотілося б мати і що можна і потрібно для цього зробити? Часто це призводить до трансформацій без роботи з минулим і тоді потенціал відкриваються не на шляху його опрацювання, а попереду, в ідеї можливостей і цілей. Так буває, наприклад, коли виявляється дефіцит ресурсів - особистісних або тимчасових - на опрацювання минулого, або ситуація психотерапії, з якихось причин, не передбачає розмови про минуле. У будь-якому випадку ми йдемо за клієнтом, за тим, куди веде його енергія, наснага, інтерес, і тим шляхом, який виявляється ефективним і не викликає опору.

Опрацювання минулого не є обов'язковою умовою терапії, змін можна досягати в будь-якій з трьох часових проекцій, тому що справжні зміни настають завжди скрізь та відразу. Тобто зміна минулого змінює сьогодення і, відповідно, майбутнє, зміна сьогодення може призвести до зміни минулого і майбутнього, і відкриття надихаючого майбутнього може дозволити переосмислити і перепрожити і сьогодення, і минуле. Усвідомлення наче знаходиться у «четвертому часі», за межами цих трьох. Так само це вірно і для сфер життя. Поліпшення в будь-якій із сфер, якщо воно природне, позитивно впливає на всі інші. Така відкритість психотерапії минулому, сьогоденні та майбутньому нескінченно розширює її можливості. Те саме можна сказати про відкритість усім сферам досвіду: тілу, емоціям, образам і думкам.

А також трьома рівнями їх проживання.

Людина звільняється і розширюється внутрішньо, стає сильнішою і свідомішою, результат психотерапії «піднімає її з ліжка» вранці і цей результат не потрібно підтримувати - навпаки, він підтримує вас. Такий результат є справжнім результатом психотерапії, тим максимумом, на який вона може претендувати. І це набагато ширше банального рішення проблем, яке відбувається при цьому наче саме по собі. Це зростання і розвиток людини за межами СЕБЕ до становлення СЕБЕ у вищому сенсі цього слова. З цього стану свободи виникають усі гарні якості, які ми хотіли б в собі розвинути. Головна з яких - доброзичливість до людей. І навпаки, доброзичливість сприяє розвитку цього усвідомлення себе тим, ким ми могли б стати. Зрозуміло, цю якість не можна прищепити - вона виникає сама собою, як сонце сходить з-за обрію, коли приходить час. Ми ж лише допомагаємо побачити його за хмарами.

Я вважаю, що психотерапія - це допомога у розвитку людям, у всякому разі, ця гіпотеза дає можливість дивитися на неї, як на природній спосіб допомогти в прояві того, що вже існує потенційно. І не вигадувати нового. Потенціал завжди є в зародку і може проявитися у будь який час. Такий погляд підвищує стійкість психотерапевта в його професійній позиції та створює надихаючу перспективу для клієнта. Іноді проявом потенціалу є просто прийняття того, що сталося або відбувається, як неминучий факт, і заспокоєння у цьому. Але можливість відкриття нового в сьогоденні і майбутньому при цьому також залишається.

В інших випадках людині потрібно отримати реальний досвід і психотерапія перемежовується з діями в сьогоденні. Опрацювання минулого призводить також до того, що з'являються нові цілі, що надихають . Також досвід підказує, що якщо ідея розвитку приймається людиною, - а це виходить з терапевтичного досвіду - це служить профілактичним засобом по відношенню до нових проблем. Люди можуть вирішити всі свої проблеми і продовжувати займатися розвитком - такі приклади є. Як правило, кількість психотравм не перевищує десяти - найбільших і значущих у житті, інші є їхнім повторенням - і вони можуть бути опрацьовані в цілком певний час, при наявності, звичайно, ресурсів у терапевта і клієнта.

Таким чином, терапія стає важливим етапом на шляху духовного розвитку, кінцевою точкою якого може стати блаженство - у відчуттях, любов - в почуттях, світло - в образах і ясність - в думках, в минулому, сьогоденні і майбутньому, в собі та інших. Коли ми приймаємо цей потенціал в собі, ми можемо і на інших дивитися теж з точки зору потенціалу. Усі ці міркування є основою практичного процесу психотерапії, мета якої - отримати реальний результат по конкретному запиту клієнта. Тому, коли ми опрацьовуємо ситуацію до відкриття її потенціалу, ми повертаємося в ту початкову точку, з якої стартували в цей шлях.

Мені здається чесним повернути клієнта туди, де ми його «взяли», і не розмивати терапію додатковими запитами.

Хоча, і я це знаю, вони можуть стати темами подальших сесій - за бажанням клієнта.

А наприкінці даної сесії ми переходимо до отримання

результату.

5. Отримання результату.

5.1. Повернення до відчуттів в тілі.

Як ви пам'ятаєте, надійний критерій нашого шляху в терапії - це запит клієнта. А матеріал, з яким ми працюємо - це його переживання, суб'єктивний досвід, з приводу запиту, найбільш глибоким з якого є відчуття в тілі. Саме вони - ці відчуття - стали для нас і приводом, і дороговказом у допомозі самоусвідомленню клієнта. І ми повертаємося, перш за все, до них.

«Що змінилося в образах, пов'язаних з відчуттями, які ми отримали спочатку? Що змінилося в самих відчуттях?».

Ці питання повертають клієнта в «тут і зараз» та допомагають оцінити корисність всіх усвідомлень. Як правило, якщо усе проведено правильно, від відчуттів не залишається і сліду. Або залишається слід, який корисно визначити як «морди або хвости?» за висловом одного відомого вчителя.

Тобто це те, що вимагає додаткового опрацювання (а так буває) або це залишкові явища, які просто вимагають часу на їх зникнення та інтеграцію в тілі?

Є таке поняття, як «транс змін» - це відчуття, що щось відбувається, може ще не цілком зрозуміло, що саме, але в цілому відчувається, що все відбувається добре і правильно, і це за запитом. Схоже переживання в християнстві, мені здається, називається «таїнство» - коли ми не розуміємо, але відчуваємо, що щось відбувається. Цей процес займає деякий час, не дуже великий, зазвичай це декілька хвилин. Але на інтеграцію результату у тіло і прояв його у вигляді нових думок і образів - себе, дій і життя - потрібен певний термін. Іноді його можна приблизно усвідомити разом з клієнтом, іноді побажати цьому процесу протікати з найбільш комфортною швидкістю. Прояснення майбутнього, усвідомлення результатів терапії - це теж певний етап.

Але багатьом клієнтам достатньо заспокоїтися і відчути глибоку впевненість в сьогоденні, і це, на їхню думку, гарантує благополуччя і в майбутньому.

Тому, як мінімум, ми повертаємося до відчуттів в тілі і усвідомлюємо їх динаміку. Якщо якісь з тих, що проявилися на початку терапії, або трансформувалися з колишніх відчуттів ще залишилися і потребують додаткової уваги, - ми повертаємося до них і проходимо усе коло ще раз. Якщо усі негативні відчуття, пов'язані із запитом, а також, актуальні на даний момент, зникли, можна переходити на наступний «рівень».

5.2. Повернення до запиту.

Ми повертаємо свідомість клієнта до запиту і пропонуємо зрозуміти, як він сприймається тепер.

За тією ж схемою цілісності: що думаєте про це тепер, що відчуваєте в тілі?

Запит постає, при успішно проведеної терапії, зовсім в іншому світлі - як надихаюче, що викликає азарт або просто нейтральне завдання, або він взагалі втрачає свою значимість. Можливо, з'являються нові думки та шляхи до мети.

Але найголовніше - це перестає бути «проблемою», оскільки не викликає більш неприємних відчуттів і напруг в тілі.

«Не чіпляє» в негативному сенсі цього слова. Стає «паралельним» в позитивному. Якщо мова йде про психосоматику – симптом зникає, редукується або з'являється відчуття, що це може відбутися найближчим часом і потрібно цей час надати. Іноді, дуже стримано, люди кажуть «подивимося» або «не знаю». Але це «не знаю» зовсім інше, ніж розгублене «не знаю» невротика на початку. Це спокійне і приймаюче «незнання» мудреця.

Часто виникає стан спокою та умиротворення, розслаблення або, навпаки, піднесеного та радісного настрою з готовністю спостерігати, що буде далі.

Цей стан можна розділити з усіма, побажавши усім досягти такого ж або подібного стану (в західній психології це називається «внеском у світовий банк», на Сході – «посвята заслуги»), або висловити подяку тому, хто дозволив досягти цього результату - Вищої Сили, як би ви її не називали.

Це дозволяє зробити результат трансцендентним, звільнити його від жорсткої прихильності до конкретного моменту, методу, людини і зробити надбанням всіх. Що робить сам результат більш стійким, а стан - менш ажитованим. Начебто в нас звільняється якась енергія, якою ми розумно розпоряджаємося.

Схожий спосіб полягає в уявному розподілі свого позитивного стану в майбутнє - своє і свого оточення - де ми потім з ним зустрінемося. Тобто, важливо не замикати результат терапії на себе, а ділитися ним з усім навколишнім світом - це призводить до надійного його закріплення. Також важливо, щоб усі, з ким ми зустрічалися в терапії у внутрішньому світі, в усвідомленні клієнта, також отримали позитивне послання на свою адресу. Можна просто запропонувати усвідомити, як цей досягнутий стан може вплинути на майбутнє.

Але, як правило, усі ці питання вже можуть бути зайвими.

5.3. Завершення терапії.

На завершення сеансу терапії можна звернутися до клієнта з питанням «Чи можна вас залишити з цим результатом?» і тим самим вручити його йому ж у руки. Варто поцікавитися:

1. Чи було це за запитом?

2. Чи просунулися ми в нашій роботі над ним?

3. Чи можемо зупинитися на цьому зараз?

Їх можна доповнити питанням про те, що могло б допомогти клієнту інтегрувати результат, а також рекомендаціями дивуватися, приймати і проявляти зміни, якщо або коли вони настануть.

Зазвичай вони настають і дивують клієнта своїми спонтанними проявами.

ЗРАЗКОВІ ПИТАННЯ НА ЕТАПАХ ТЕРАПІЇ УСВІДОМЛЕННЯМ

<u>На етапі формування запиту:</u>

1. Що Ви хочете отримати у результаті нашої роботи?

2. Коли б Ви хотіли отримати цей результат? Скільки часу Ви могли б дати собі на цю зміну?

3. Чи реально це, як вам здається?

4. Що вам це дасть? Що Ви отримаєте внаслідок цього? А це навіщо? (Повторюємо до сутнісної цінності, яка вже не розкладається на складові, звичайно це щось на кшталт щастя, гармонія, повнота життя тощо.)

5. Чи бачите Ви себе у цьому (майбутньому) стані? В якому часі ви себе бачите, якщо так?

6. Що Ви відчуваєте зараз коли говорите про це і це уявляєте?

7. Якщо повернутись до проблемної сторони запиту — які є відчуття? А ще? А ще?
(Бажано зібрати все)

Або варіант: Що може допомогти, а що завадити досягти

цього результату? І тут теж проявляються перешкоди, які ми усвідомлюємо і збираємо, як матеріал і навіть план для подальшої роботи.

8. Хто ви з усім цим? Ким почуваєтеся? Який образ себе описував би цей стан або відповідав йому? З ким або чим вас можна порівняти в цьому стані?

9. З якого відчуття розпочнемо дослідження? Або охопимо їх всі разом одним образом?

Додаткові варіанти запитань:

1. Які емоції пов'язані із цими відчуттями (із запитом)?

2. Що ви думаєте при цьому?

<u>На етапі основного процесу:</u>

Проблемний рівень:

1. Як давно з'явилися у вас ці відчуття? (Образи? Емоції? Думки?)

2. Або які асоціації виникають у зв'язку з ними?

3. Ви народилися із цим чи ні?

4. Що відбувалося тоді у вашому житті? Де ви жили? З ким? Як Ви почувалися?

5. Це був ресурсний, проблемний чи суперечливий період?

6. Чи бачите Ви себе в тому часі?

7. Які почуття Ви відчуваєте там і тоді та тут і зараз?

8. Що було б виразом цих почуттів?

9. На що схожа була ця історія (подія) у метафорі?

10. Ким Ви відчували себе тоді? Які емоції відчували? Що думали?

11. Що зараз думаєте про ту ситуацію?

Причинний рівень:

1. Чому так сталося, як вам здається?

2. Що рухало людьми, які брали участь у ситуації? Які мотиви вони мали?

3. Яка ціль у них була?

4. Чи хотіли вони Вам нашкодити чи діяли неусвідомлено?

Потенційний рівень:

1. А що вам хотілося тоді?

2. Що було б краще для вас?

3. Що було б правильніше?

4. Що було б ідеальним варіантом розвитку подій?

5. Що могло допомогти?

6. Хто міг би допомогти?

7. Як би Ви самі допомогли собі, опинись у тій ситуації?
Або: Що ви відчуваєте зараз до себе там і як би це проявилося?

8. Що це дало б вам?

9. Що було б далі? Що можна ще додати, щоб було ще краще?

10. Як би Ви почувалися, якби так сталося так (як хотілося б)?

11. Що було б (як би Ви відчували себе) зараз? Яким би ви зростали в цьому випадку?

12. Чи відчуваєте Ви зараз щось із того, що кажете (якість відчуття, наприклад, впевненість та інше)? Що ви відчуваєте, коли це кажете?

13. Чи є відчуття процесу всередині?

Дозвольте йому відбуватися.

Повертаємось у теперішній стан:

1. Як змінюється Ваш стан зараз? (Якщо змінюється)

2. Чи у правильну сторону йдуть ці зміни щодо запиту?

3. Що з тими відчуттями, які ми виявляли на початку? Чи змінилися вони? Що залишилось? Із чим хотілося б попрацювати далі?

Тут може початися новий цикл з новими відчуттями, що залишилися від початку або з'явилися зараз.

На етапі завершення сесії:

1. Чи це було за Вашим запитом?
2. Чи просунулися ми?
3. Чи можемо ми зупинитися на цьому?

Якщо ми отримуємо у відповідь три «Так», то завершуємо на цьому.

/ Якщо ні:

1. Чи потрібно щось зробити зараз? (Як мінімум – візуалізація для дисоціації та знеболювання переживань - на що це схоже?)

2. Чи можна запланувати цю роботу на наступну сесію? (Контейнування.) /

Після завершення роботи можна порекомендувати:

1. Спостерігати за собою, своїми змінами.

2. Давати собі час, спокій та ресурси (по можливості). Підтримувати себе.

3. Дивуватися.

МАПА УСВІДОМЛЕННЯ

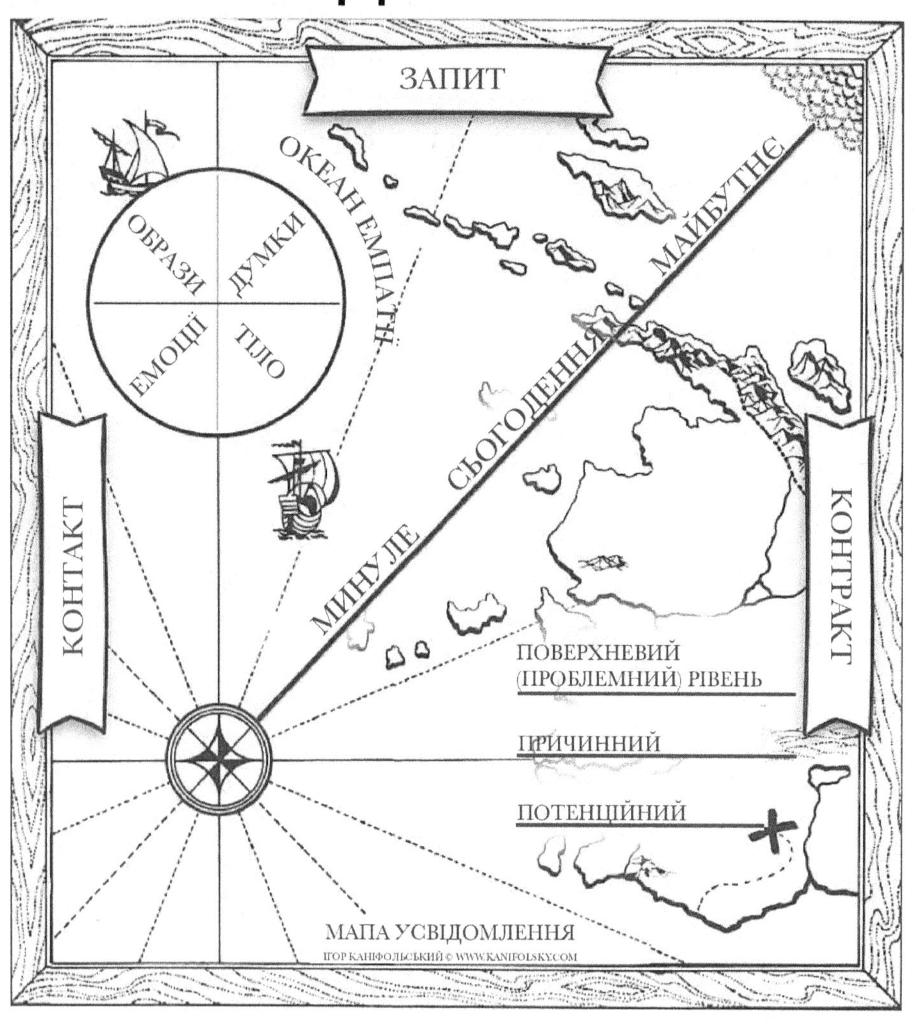

В терапії ми шукаємо скарб, позначений хрестиком.

Мапа усвідомлення описує те, що можна усвідомити в процесі терапії або в роботі над собою.

В неї, як йшлося, є рамка та зміст.

РАМКА

Як бачимо, у мапи є рамка (умови процесу):

- "контакт";

- "контракт";

- "запит, мета" (клієнта);

- "емпатія" (терапевта).

У цій рамці відбувається процес усвідомлення.

ЗМІСТ

Ц ей процес усвідомлення описує "зміст" мапи - те, що усвідомлюється.

Ми можемо усвідомлювати в трьох вимірах:

- "Коло усвідомлення";

- "Три часи";

- "Три рівні усвідомлення".

КОЛО УСВІДОМЛЕННЯ

"**К**оло усвідомлення" включає чотири першоелементи досвіду:

- "тіло";

- "емоції";

- "образи";

- "думки".

З них, як з чотирьох букв ДНК, складається вся різноманітність людських переживань.

Усвідомлення є п'ятим елементом - квінтесенцією (буквально «п'ятою сутність») цього процесу.

ТРИ ЧАСИ

Лінія часу показує, що всі події поверхневої свідомості людини розвиваються в уявленнях про:

- минуле;

- сьогодення;

- майбутнє.

Усвідомлення є поза часом і охоплює всі часи. А також стани "вічності" та "поза часом", які є суб'єктивними переживаннями.

Завжди можна спитати: "А що буде після вічності?" і, як не дивно, отримати відповідь.

ТРИ РІВНІ УСВІДОМЛЕННЯ

У свідомлення може відбуватися на трьох рівнях:

- "Поверхневий", який часто буває "Проблемним" в терапії;

- "Причинний" або рівень прихованих причин переживань;

- "Потенційний" — це скарб, який ми допомагаємо знайти клієнту.

В Терапії усвідомленням самодослідження, яке часто називають «самокопання», перетворюється на "пошук скарбів".

ДЖЕРЕЛА ТА ПОСИЛАННЯ

Які можуть вам допомогти, бути цікавими та корисними.

1. Перша стаття про те, що потім стало Терапією усвідомленням, надрукована у 1992 році у Віснику Міжнародної асоціації по дослідженню сновидінь (IASD): "Our body dreams. A new holistic approach to medicine practice".

Конференція відбулася в Санта-Круз, Каліфорнія, США.

*Association for the Study of Dreams Newsletter,
Vol. 9, No 2 & 3, Spring/Summer, 1992,
pp. 7-9.
Ninth annual international conference of ASD,
University of California, Santa Cruz,
June 23-27, 1992.*

conference briefs

Our Body's Dreams: A new Holistic Approach to Medical Practice

Igor Kanifolsky, M.D.

When we are learning things about the world, dividing it into smaller and smaller parts, which has been effectively done by modern physics, we come to such a degree of detail that we find the distinctive features of the original object disppearing. The whole is seen as a monotonous mass of particles, their collecting or dispersing creating an illusion of the existence of diverse separate objects. Thus, on the way of finding more and more details, we inevitably come to understand the wholeness and uniqueness of the world.

When, on the other hand, we are trying to have a wider outlook, covering wider spaces of the universe, from the solar system to galaxies and groups of galaxies, there comes a moment when we lose sight of the peculiarity of our planet which becomes only one of millions of similar spots rotating around one of the millions of sun-like stars. And then we realize, again, the wholeness and uniqueness of the world - this time on the way to a larger and wider world.

And when, then, keeping this understanding of wholeness and uniqueness, we turn our eyes to people, we understand the impossibility of studying them by means of dividing them into physical or psychic parts. An approach based on the wholeness, which is free of the illusion of the variety of organs, systems, and functions, becomes more attractive.

We come to be persuaded of the possibilities of holistic medical theory and holistic medical practice.

But as soon as we try to apply this new understanding to our everyday practice, we immediately come across a very serious obstacle. It is not an outer obstacle, although it is common for everyone. It exists because of the inadequacy of the inner organization of our consciousness. Our very language appears to be anti-holistic in its principles and is not suitable for describing the wholeness of man and the world. Giving something a name, we at the same time, separate it from something else. Describing a certain quality of the whole thing we immediately lose some other qualities, and as a result, the wholeness is destroyed.

When we try to overcome this obstacle, sooner or later we discover for ourselves in the discipline of medicine, the old and forgotten which was spoken. With the help of this language our ancestors discovered the world and themselves in the world. Sooner or later we discover for ourselves the language of wholeness, the language of images. We are surprised to realize that this language of images is already familiar to us because it is in this language that our subconscious speaks to us since our early childhood. The language of images is the language of our dreams.

Enriched by all these discoveries we return to our medical practice and see only one possibility of describing the whole state of a person: his or her psychophysiology in the language of images, in the language of metphors, or in the language of dreams.

This possibility appears to have been discovered long ago and to be used in the informal practice of folk medicine where it certainly has no theoretical background and hence is considered either as trickery or as witchcraft, which often means the same thing for the official medicine. That is why the only thing we can do is learn from ourselves, not using books and references, but our own intuition and the practical skills that folk healing practice gives us.

These discoveries in healing, when looked at attentively, appear to be a surprisingly complex approach which allows one to work with the person as a whole. One can work without separating the consciousness from the body, but rather uniting the psychic and the physical into a whole system of images that has certain rules of functioning and certain dynamics. This technique of dynamic work with the physical body and the images of this body simultaneously creates the method that we now call "our body's dreams."

In practice this is achieved in the following way: It is well known that each of us has his/her own habitual inner image of the structure of his/her own body, based on the continuously incoming kinesthetic information. This inner picture of oneself, often not realized consciously, doesn't always correspond to the anatomic structure of the body and very often lacks many significant details and is deformed. This phenomenon is manifested in psychology via the test "a picture of a person." The person tested draws a person, it is assumed that it is the inner image of oneself, and suddenly it appears that the person in the picture has no legs or the head is too large, or there are some other unexpected distortions. All these deformations correspond to the inner picture of one's body and, what we are most interested in, they can be revealed when the actual immediate contact with the client's body takes place. Parts of the body, deformed as represented on the inner scheme of the

Continued on Page 8

Continued from Page 7

body, are functionally or organically deficient.

Besides, when physcial contact with the body takes place, another important thing happens. Changing the position or pressing on some segments of the body and stretching others, as is the case with massage, we change the inner structure of the self-image and create a new, unusual, and indefinite model. An indefinite stimulus is the starting point for creating projective images. This can be compared with another group of psychological tests that use indefinite stimuli such as Rorschach's test. In our practice the body itself serves as an indefinite stimulus.

As a result of physically changing the structure we help the patient stop creating his/her habitual picture and start forming a new subjective scheme of the body that is based on the images, as in a dream. These dynamics produce unique data that are equally interesting for a psychologist and a doctor.

The images of our body's dream can be varied. They may include animate and inanimate objects, cold or warm, dark or light, light or heavy. One can think of oneself in the world of dreams as a tree growing in a forest - or in a field, on a sunny day or during a thunderstorm, or one can experience oneself as a fish swimming in clear or muddy water, or one can see oneself as sledges sliding on the snow. It is oneself that creates all these images, without any hints from the therapist.

What does the future depend on? As you understand, several factors effect it simultaneously.

First, features of the object depend on the size and the characteristics of the actual sensory information, which in its turn, is defined by the physical state of the organism.

Second, it is the projective data of the subconscious that structures the kinesthetic information onto a certain image.

Third, it is the functional state of consciousness that defines the complexity, content, and subjective interpretation of an image.

This is similar to the process that takes place in consciousness at the point during a night's dream when the blanket or pillow happen to prevent breathing. This situation may turn into different images within a person's dream. One will dream that he is kissing the person he loves and cannot stop kissing to breathe. Another will dream that she is being strangled by burglers. It is true that to have clear and calm dreams one has to have a clear and calm soul and to have clear and calm body dreams one has to have a healthy body, too. For in the body's dreams three levels of information come together: the physical body, the subconscious, and the conscious.

Hence, an image of the body's dream is an image of wholeness, a metaphor of the complex psycho-physiological state of an individual.

This image differs from a night dream in that it contains mainly the actual information about the state "here and now", but not reminiscences of the past or constructions of the future. The dynamics of the actual state is reflected in the dynamics of the body's dream, which gives peculiar feedback in the process of therapy.

There are several ways to do the psychological analysis of these dreams. Some pay attention to the form and can find in every outstanding image a phalic symbol and in every hole a symbol of feminine sexuality. Others pay attention to the emotional coloring of the image. Other interpret the content as a metaphorical statement of the problems of the subconscious. And so on. All these ways are used in our practice. But with each of them we come across one and the same danger - imposing on the client some non-existing problems that correspond to our expectations and can be our own projections.

That is why it seems to us that another way to analyze the dreams is preferable - one when we do not take the form, content, or symbols out of the image, but ask the client him/herself, as the creator of the image, to estimate the image as a whole within its individual and intuitive context. This is similar to the way works of art, paintings for example, are looked at by connoisseurs. This is always subjective as it is definite and can be expressed in very simple words: "I like this" or "I do not like this." This opinion which is given regardless of any social or conceptual circumstances may be called an aesthetic opinion. It is not subordinate to anything except the so-called true values - beauty, completeness, simpleness, purity.

This aesthtic opinion of the client's is most acurate to his/her experience and most significant to his/her personality. But to give this opinion one has to meet some necessary conditions.

One has to be integrated here and now and to be attentive to the sensori information of one's body.

One has to be free from dogmatic logic and rational thinking and to give way to one's intuitive perception.

One has to have what is called value orientation, or to put it in a simple way, to be able to be natural and spontaneous in one's life.

Those who practice know that meeting these conditions is not alway easy for a modern person who has abstracted him/herself not only from nature in the environment but from the nature of his or her own body. Working with the images of body's dreams

Continued on Page

Continued from Page 8

helps people overcome this gap. We think that turning on consciousness and the body simulataneously makes solving personal problems - both somatic and psychological - much more effective. This kind of work allows the assumption that the body and consciousness are connected not by cause and effect, but by equality to become a real experience. The body is a metaphor of consciousness, the consciousness is a metaphor of the body. Working with the former we change the latter, working with the latter we effect the former, working with the wholeness we heal the whole life.

By the way, in Russian, the very word meaning "to heal" (istselyat) has the common root with the worlds "whole" (tseloye), "wholeness" (tselostnost), and "goal" (tsel). "To heal" in Russian literally means "to make whole", "to restore wholeness."

That is why it is not a coincidence that practical methods discovered in healing give new possibilities for developing holistic medical practices. The approach that we call here "body dreams" allows us to use at the same time methods of physical healing, such as massage, accupressure, manual therapy, elements of hatha yoga, polarization methods, and all the techniques of working with images that psychotherapy uses such as Gestalt pscychology, color psychology, etc. This possibility of synthesizing psychic, physical, and energetic aspects in our approach of "body dreams" is the widest known, at least in this country.

I think that the synthesis of different approaches to a person, approaches on different levels, in different traditions, is the very task our time calls on us to realize. This is the aim of my work, and I would be very happy if this is interesting to you and if we could together make our work and our lives still more successful.

Dr. Kanifolsky can be reached at ~~108096 Saint-Petersburg, Zaitzeva str., 6/2, apt. 96, RUSSIA~~ 193318 Saint-Petersburg, Tovarishesky prosp. 2-2-139

Dream Ball Awards

Most Freudian	Super Ego	Most Creative	Mermaid - Feminist Sea Goddess
Most Jungian	Poor Wayfaring Stranger		Free Association
Most Reincarnational	Egyptian Princess	Most Abstract	Streaker
Most Animal Like	Boa	Most Humorous	REM Bikers
Most Nightmarish	Saddam Hussein's Nightmare	Joint Group	Sleep walker
Most Colorful	Shared Dream	Honorable Mention	

1992 Dream Ball revelers

2. Повний текст "Молитви-устремління Самантабхадри", написаної від імені уособлення первісного усвідомлення - Самантабхадри (Всеблагого -санскр.), цитату з якої наведено в

епіграфі:

https://ratnashri.org.ua/media-library/%D0%BC%D0%BE
%D0%BB%D0%B8%D1%82%D0%B2%D0%B0-
%D1%81%D0%B0%D0%BC%D0%B0%D0%BD
%D1%82%D0%B0%D0%B1%D0%B3%D0%B0%D0%B4%D
1%80%D0%B8/

Молитва Самантабхадри

3. Про перше визначення психотерапії Деніелом Хак Т'юком:

http://psychologis.com.ua/chto_takoe_psihoterapiya.htm

Визначення психотерапії

4.   Книга "Будда, мозг и нейрофизиология счастья":

https://n-knigi.com.ua/p1606933993-budda-mozg-nejrofiziologiya.html?
source=merchant_center&gad_source=1&gclid=CjwKCAjw-O6zBhASEiwAOHeGxVHWAw3paPDG9yYihc5igOE1mS9gNY44VHC1bSOVjQ5AB5f2f3CJtRoCoRwQAvD_BwE

Будда, мозг...

5. Запис теорії Базового курсу Терапії усвідомленням:

https://youtube.com/playlist?

list=PLwRKqEDBcJf9_vS6hX0nh-
MzjzcqvLodI&si=HzdZkzHEWYBoa99z

Базовий курс

6. Приклад глибокої тибетської практики, що містить в собі весь шлях до досягнення Райдужного тіла:

http://flibusta.site/b/408088

Глибока практика

7. Та буддистська програма за цією практикою, яку можна онлайн:

https://dharmasun.org/ru/content/

Програма онлайн

пройти, дійсно, можливості сьогоднішнього світу неймовірні та дивовижні!

8. Інформація про індивідуальні сесії на моєму сайті: https://www.kanifolsky.com/uk

Мій сайт

Інформація про нове навчання з'являється в моїх соцмережах, посилання на які теж є на сайті, як і інші книги, рекомендовані книги та автори, безкоштовний

Марафон усвідомлення (р.мовою), ціни, відгуки та навіть інструкція для чату GPT, що перетворює його на вашого власного асистента усвідомлення.

Бажаю вам успіху в усвідомленні та відкритті вашого потенціалу!